Die Römische Republik

W0293436

Kompaktwissen Geschichte

Herausgegeben von Gerhard Henke-Bockschatz

Die Römische Republik

Von Raimund Schulz

Reclam

RECLAMS UNIVERSAL-BIBLIOTHEK Nr. 17080
Alle Rechte vorbehalten
© 2014 Philipp Reclam jun. GmbH & Co. KG, Stuttgart
Gestaltung: Cornelia Feyll, Friedrich Forssman
Gesamtherstellung: Reclam, Ditzingen. Printed in Germany 2014
RECLAM, UNIVERSAL-BIBLIOTHEK und
RECLAMS UNIVERSAL-BIBLIOTHEK sind eingetragene Marken
der Philipp Reclam jun. GmbH & Co. KG, Stuttgart
ISBN 978-3-15-017080-9
www.reclam.de

Inhalt

II Kontroversen

III Quellen

Einleitung

Die Geschichte des antiken Rom fasziniert bis heute. Wie gelang es der einst kleinen Stadt am Tiber trotz zahlloser Rückschläge, sich zur Herrin über Italien und den Mittelmeerraum emporzuschwingen, um dann unter Caesar ihre Legionen in die europäischen Binnenräume marschieren zu lassen? Lag es an der besonderen Verfassung des Staates, deren Name *res publica* bis heute Vorbild für alle nichtmonarchischen Staatswesen ist? Wie kam es dann aber, dass diese Republik auf dem Höhepunkt ihrer Machtentfaltung blutige Bürgerkriege erlebte, die mehr Römer das Leben kosteten als alle Kriege gegen auswärtige Feinde und am Ende faktisch (wenn auch nicht formal) zum Wandel der Verfassung in das römische Kaisertum führten?

Der vorliegende Band will Antworten auf diese Fragen geben. Sie sind nicht nur für den Antikenfreund oder den Spezialisten interessant, sondern auch unverzichtbar für das Verständnis der Geschichte Europas und der modernen Welt, wie z.B. der jüngst gern gezogene Vergleich zwischen den USA und dem Römischen Weltreich zeigt. Obwohl die Thematik zu den am besten erforschten Feldern der Altertumswissenschaften gehört, haben jüngere Arbeiten vertraute Vorstellungen korrigiert, etwa die, wonach Könige in Rom regierten, bevor die Stadt eine Republik wurde, oder die, dass der Krise der Späten Republik eine existentielle Verelendung der italischen Bauernschaft voranging. Zudem sieht man heute die Geschichte der Römischen Republik von Beginn an viel enger verzahnt mit der gesamtmediterranen Entwicklung. Dass die Römer anfangs ein sparsames und genügsames Bauernvolk waren und hierauf ihre militärische Überlegenheit gründeten, ist wenig mehr als eine schöne Legende, die römische Familien in der Krise der Republik erfanden, um ihre Gegenwart an einem fernen Ideal auszurichten.

Die Darstellung dient auch dazu, solche Legenden und ideologische Verzerrungen, die noch heute – nicht zuletzt auf der Kinoleinwand – weitergegeben werden, auf der Höhe der Forschung aufzulösen und ein ungeschminktes Bild der römischen Vergangenheit zu präsentieren. Dass sich die Gelehrten dabei auch heute noch in wesentlichen Fragen nicht einig sind, kann der Leser exemplarisch im Teil II, »Kontroversen«, nachvollziehen. Der Quellenteil bietet die Möglichkeit, die Darstellung anhand von Originaldokumenten kritisch zu überprüfen und zu vertiefen. Das eigentliche Ziel des Buches besteht aber darin, Schülerinnen und Schülern der Oberstufe eine klare und gut lesbare Orientierung über die Geschichte der Römischen Republik an die Hand zu geben, die das Lehrbuch oder Kursheft sinnvoll ergänzt, sich aber nicht in Details verliert, sondern sich an den großen Linien und wesentlichen Problemen entlangbewegt. Dass dabei manches von dem weggelassen werden musste, was die moderne Forschung für wichtig hält, versteht sich von selbst. Fragen zur politischen Kultur werden ansatzweise in dem Kapitel zur Verfassung behandelt, wirtschaftliche und gesellschaftliche Aspekte sind auf die Abschnitte zur Krise der Späten Republik sowie auf einzelne Epochen der mediterranen Expansion verteilt. Zeitliche Sprünge und Querverweise wurden so weit wie möglich vermieden, um die Geschlossenheit und Verständlichkeit der Darstellung nicht zu beeinträchtigen.

Zeittafel

Alle Daten: v. Chr.

um 1200	Einwanderung indogermanischer Stämme auf die italische Halbinsel
um 1000	Erste Besiedlungsspuren auf dem Gebiet des späteren Rom
753	Gründung Roms (nach dem römischen Autor Varro)
7. Jh.	Beginn des Urbanisierungsprozesses auf Hügeln am Tiber
um 509	Weihung des kapitolinischen Tempels; Entmachtung des Stadtregenten und Begründung der Republik; Beginn der Ständekämpfe zwischen Plebejern und Patriziern
um 450	Zwölftafelgesetzgebung
445	*lex Canuleia*: Zulassung von Eheschließungen zwischen Patriziern und Plebejern
um 426	Eroberung von Fidenae
um 406–396	Krieg gegen die etruskische Stadt Veji und ihre Eroberung
387	Niederlage der Römer am Fluss Allia; Kelten plündern Rom
um 370	*foedus Cassianum*: Bündnis mit den latinischen Stämmen, die ebenfalls unter den Kelteneinfällen gelitten hatten
367/366	*leges Liciniae Sextiae*: Zulassung der Plebejer zu den höchsten Ämtern
Mitte des 4. Jh.s	Verträge der Republik mit Karthago (Nordafrika)
343–341	1. Samnitenkrieg
340–338	Krieg gegen die Latiner; nach römischem Sieg Aufnahme der Latiner in den römischen Bürgerverband

334	Seesieg über Antium, damit Beendigung des Latinerkriegs
327–304	2. Samnitenkrieg; 321: Niederlage der Römer im Gebiet der Caudiner
300	*lex Ogulnia*: Öffnung der Priesterämter für Plebejer
298–291	3. Samnitenkrieg: Rom gewinnt die Vorherrschaft in Mittelitalien
287	*lex Hortensia*: *plebiscita* (Beschlüsse des Volkes) werden *leges* (Gesetzen) gleichgestellt
280–275	Krieg gegen Tarent und Pyrrhos von Epirus (278–276: Pyrrhos auf Sizilien)
264–241	1. Punischer Krieg
237	Sardinien und Korsika werden von Rom besetzt
227	Sizilien, Sardinien und Korsika werden römische Provinzen
226	Ebro-Vertrag
218	*lex Claudia de nave senatorum*: Verbot von Seehandel für Senatoren
218–201	2. Punischer Krieg (»Hannibal-Krieg«)
216	Römische Niederlage bei Cannae
215–205	1. Makedonischer Krieg
212	Eroberung von Syrakus
205	Vertrag mit Philipp V. von Makedonien
200–197	2. Makedonischer Krieg
200–133	Rom erobert Griechenland und das westliche Kleinasien
197	Freiheitserklärung des Flamininus in Korinth
192–188	Krieg gegen Antiochos III. (190: Sieg bei Magnesia)
180	*lex Villia annalis*: Festlegung des *cursus honorum* (Ämterlaufbahn)
171–168	3. Makedonischer Krieg
168	»Tag von Eleusis«; Antiochos IV. zieht sich nach römischer Intervention aus Ägypten zurück

154–133	Kriege in Spanien
149	Einrichtung eines ständigen Gerichtshofes (*de repetundis*) zur Verfolgung provinzialer Korruption
149–146	3. Punischer Krieg; Zerstörung Karthagos (146)
148	Einrichtung der Provinz *Macedonia* (nördliches Griechenland)
146	Zerstörung Korinths
140	Gesetzesvorschlag des Gaius Laelius zu einer Ackerreform
137	Niederlage des Mancinus in Spanien
133	Zerstörung von Numantia (Spanien)
133	Volkstribunat des Tiberius Sempronius Gracchus
129	Einrichtung der Provinz *Asia* (westliche Türkei)
123–122	Volkstribunate des Gaius Sempronius Gracchus
113–101	Kämpfe gegen Kimbern und Teutonen (102: Sieg bei Aquae Sextiae; 101: Sieg bei Vercellae)
111–105	Jugurthinischer Krieg
107; 104–100	Konsulate des Marius; Erweiterung der Zugangskriterien für den Legionsdienst
95	Ausweisung der *peregrini* (Nichtrömer) aus Rom
91–89	Bundesgenossenkrieg; Italiker erhalten das römische Bürgerrecht
89–85	1. Mithridatischer Krieg
88	Sullas erster Marsch auf Rom
83–82	2. Mithridatischer Krieg; Bürgerkrieg
82–80	Sullas Dictatur, Proskriptionen und Reformen; zweiter Marsch auf Rom
74–63	3. Mithridatischer Krieg
73–71	Spartacus-Aufstand
70	Erstes Konsulat von Pompeius und Crassus
67	*lex Gabinia*: Pompeius erhält *imperium extraordinarium* (außerordentliches Kommando) für den Krieg gegen die Piraten

66	*lex Manilia*: Pompeius erhält *imperium extraordinarium* für den Krieg gegen Mithridates
63	Ciceros Konsulat; Catilinarische Verschwörung
60	Sogenanntes Erstes Triumvirat: Caesar, Pompeius, Crassus
59	Caesars Konsulat
58–51	Eroberung Galliens durch Caesar
55	Zweites Konsulat von Pompeius und Crassus
53	Niederlage und Tod des Crassus bei Carrhae gegen die Parther
52	Ermordung des Publius Clodius Pulcher; Pompeius *consul sine collega* (alleiniger Konsul)
49–46	Überschreiten des Rubikon (Januar 49); Bürgerkrieg
49–44	Dictatur Caesars
48	Schlacht bei Pharsalos
45	Schlacht bei Munda
44	15. März: Ermordung Caesars
43	Sogenanntes Zweites Triumvirat: Antonius, Lepidus, Oktavian; Ermordung Ciceros
42	Sieg bei Philippi über die Caesarmörder
40	Vertrag von Brundisium zwischen Oktavian und Antonius
37	Vertrag von Tarent: rückwirkende Verlängerung des Triumvirats um fünf Jahre
31	2. September: Schlacht bei Actium
30	Einnahme Alexandrias, Tod des Antonius und der Kleopatra
27	Verleihung des *imperium proconsulare* (prokonsularische Befehlsgewalt) und des Ehrennamens Augustus an Oktavian. Errichtung des Prinzipats

I Darstellung

1 Das frühe Rom und die Entstehung der Republik

Die Anfänge Roms zwischen Legende und Wirklichkeit

Am Anfang einer großen Epoche steht meist eine schöne Geschichte. Roms Geschichte lautet so: Einstmals wurde der König von Alba Longa von seinem Bruder vom Thron gestoßen. Um die Verwandtschaftslinie des alten Königs zum Aussterben zu bringen, ordnete der neue an, dass dessen einzige Tochter Rhea Silvia ein keusches Leben als Vestalin führen sollte. Doch Götter sind bekanntlich stärker als menschliche Pläne: Rhea Silvia wurde von Mars schwanger und gebar die Zwillinge Romulus und Remus. Um sie vor den Anschlägen ihres Onkels zu schützen, setzte ihre Mutter sie aus. Eine Wölfin säugte die Kleinen, bis sich eine Hirtenfamilie ihrer annahm. Kaum erwachsen, nahmen sie Rache und töteten den bösen König. Dann planten sie, auf einem der Hügel am Ufer des Tiber, dort, wo sie die Wölfin genährt hatte, eine eigene Stadt zu gründen. Sie zogen eine Mauer um den Hügel und beobachteten den Vogelflug, um festzustellen, wem die Götter die Herrschaft über die Stadt übertragen würden. Die Götter entschieden sich für Romulus. Als Remus voller Verachtung über die neue Mauer sprang, tötete ihn Romulus. Der Brudermörder gab der Stadt seinen (verkürzten) Namen und wurde ihr erster König. Es war das Jahr 753, so versichern spätere Gelehrte.

Wahr ist an der Geschichte so gut wie nichts: Einen Stadtgründer Romulus hat es nie gegeben. Wie und wann Rom tatsächlich entstanden war, wussten die Römer nicht. So konstruierten sie eine Geschichte und orientierten sich dabei an Legenden der Griechen und Etrusker, die seit dem 6. Jahrhundert die Anfänge Roms mit der eigenen mythischen Tradition verknüpften. Nach der bekanntesten Version war Romulus ein Nachfahre des trojanischen Helden Aeneas, der nach dem Untergang Trojas mit dem Vater Anchises und seinem Sohn Ascanius (= Iulus) Richtung Westen gesegelt und nach zehnjähriger Irrfahrt an der Küste Latiums gelandet war. Hier bot ihm König Latinus Siedlungsplätze und die Hand seiner Tochter Lavinia an. In langen Kämpfen gelang es Aeneas, seine Macht in Latium zu behaupten und am Ende den Rutulerfürsten Turnus im Zweikampf zu besiegen. Dann gründete er die Stadt Lavinium (benannt nach seiner Frau) und wurde zu den Göttern entrückt. Sein Sohn Iulus errichtete eine neue Hauptstadt mit dem Namen Alba Longa. Eine lange Reihe von Königen füllte die zeitliche Lücke zwischen dem trojanischen Zeitalter und der Ära des Romulus. Mit den beiden letzten Königen von Alba Longa, Numitor und Amulius, setzt die unmittelbare Vorgeschichte der Romulussage ein.

Auch wenn diese Mythen nicht die Realität wiedergeben, so deuten sie doch auf ein wichtiges Phänomen: Italien und der Siedlungsplatz am Tiber waren früh integraler Teil der mediterranen Welt. Seit Urzeiten war die Halbinsel eine Zwischenstation für Seefahrer, die vom östlichen ins westliche Mittelmeer segelten. Zu ihnen gehörten seit dem 8. Jahrhundert die Griechen, die so bedeutende Kolonien wie Metapont, Rhegion (711, das heutige Reggio di Calabria) und Neapel (um 600) gründeten. Ferner die Phönizier, die mit Griechen aus Euböa schon im 8. Jahrhundert auf der dem Golf von Neapel vorgelagerten Insel Ischia, in Pithekussai, siedelten. Attraktiv an Pithekussai war die Nähe zu den Getreideanbaugebieten des südlichen Mittelitalien (Kampanien) und zu den Erzverarbeitungszentren im Norden, die im 7. Jahrhundert von den Etruskern kontrolliert wurden.

Die Etrusker erschienen etwa gleichzeitig wie die Griechen,

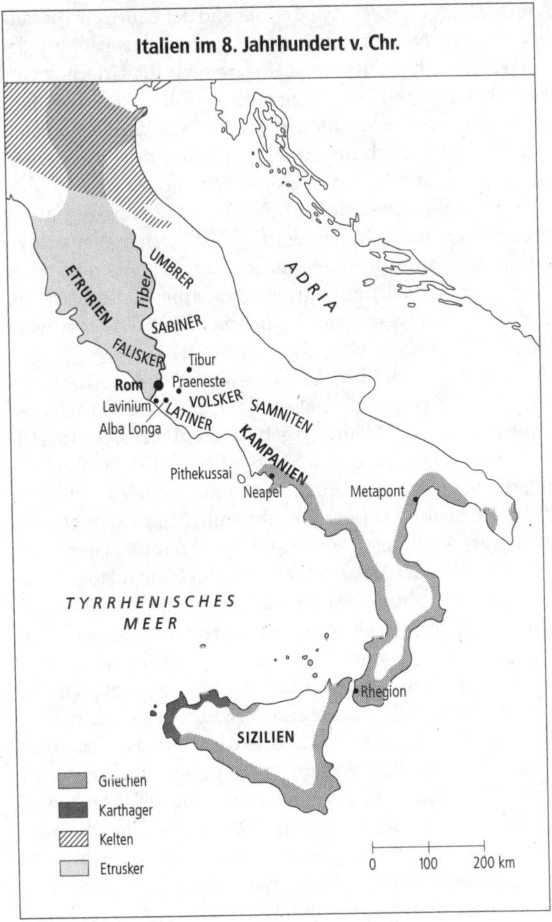

Italien im 8. Jahrhundert v. Chr.
ETRURIEN
Tiber
UMBRER
ADRIA
SABINER
FALISKER
Tibur
Rom
Praeneste
Lavinium
VOLSKER
SAMNITEN
LATINER
Alba Longa
KAMPANIEN
Pithekussai
Neapel
Metapont
TYRRHENISCHES MEER
Rhegion
SIZILIEN
Griechen
Karthager
Kelten
Etrusker
0
100
200 km

setzten sich aber zunächst in der Gegend der heutigen Toskana fest, die ihren Namen von der lateinischen Bezeichnung der Etrusker, *Tusci*, hat. Die Etrusker waren wie die Griechen ehrgeizige Krieger und hervorragende Seefahrer, Händler und Handwerker, und sie brachten wie die griechischen Kolonisten städtische Kultur nach Italien. An der Spitze der etruskischen Stadt standen in der Regel adlige Regenten (»Könige«). Ihre Stellung war allerdings nicht vererbbar und anfällig gegenüber Konkurrenten und Umstürzlern – nicht selten versuchten etruskische ›Warlords‹, vergleichbar den griechischen Söldnerführern der Archaik, mit ihren Privatarmeen die Macht in fremden Gemeinwesen zu übernehmen und dort ein neues städtisches Regiment zu errichten.

Auf diese oder ähnliche Weise dehnte sich der etruskische Einflussbereich seit dem 7. Jahrhundert bis nach Mittelitalien aus und erreichte das Siedlungsgebiet eines Volkes, das sich Latiner nannte. Diese hatten sich zwischen dem 10. und 9. Jahrhundert, ebenfalls von Norden her kommend (also nicht über See), in der Ebene der unteren Tibermündung festgesetzt sowie mehrere Siedlungen angelegt. Eine von ihnen lag an dem rund 30 km von der Küste entfernten, flussnahen Hügel Palatin. Die junge Siedlung war durch ihre Lage vor Piratenangriffen geschützt, aber noch so nahe am Meer, dass sie sich über den schiffbaren Tiber am Seehandel beteiligen konnte. Aber auch zu Lande bestanden günstige Verbindungen zu den umliegenden Siedlungen, in das Land der Sabiner sowie in das Gebiet der Falisker. Ferner gab es nahe der Tiberinsel eine Furt, über die eine wichtige Verkehrsverbindung (»Salzstraße«) in das fruchtbare Kampanien verlief. Diese Konstellation begünstigte die Herausbildung einer aristokratischen Elite, die offen war für Zuwanderer (vgl. die Sage vom Raub der Sabinerinnen) und in einem regen Handelskontakt mit den Griechen, Phöniziern und Etruskern stand.

Urbanisierung und Aristokratisierung

Seit dem späten 7. Jahrhundert entwickelte sich aus den verstreuten Siedlungskernen eine städtische Gemeinde mit religiösem Zentrum (auf dem Kapitolshügel, wo der Himmelsgott Jupiter verehrt wurde), einer Mauerumfassung und einem gepflasterten Marktplatz. Ob hierbei eher griechische oder etruskische Einflüsse bzw. Vorbilder maßgeblich waren, lässt sich ebenso wenig mit Bestimmtheit klären wie die Frage, ob dieser Vorgang auf einem *allmählichen* Zusammensiedeln oder auf einem *einmaligen* Akt (griechisch »Synoikismos«) beruhte. Parallelen zu den griechischen Koloniegründungen deuten allerdings darauf hin, dass die für die Urbanisierung notwendigen Vorarbeiten, das Trockenlegen der Tibersümpfe und die Befestigung der erosionsanfälligen Hügel sowie der Mauerbau, eine ähnliche Konzentration politischer Macht erforderten, wie sie die griechischen Siedlungsgründer (»Oikisten«) und Tyrannen ausübten. Einiges deutet darauf hin, dass nicht die einheimische Elite, sondern Männer von außen, wahrscheinlich etruskische Kriegerfürsten, das Kommando führten. Die Bevölkerung selbst hat diese ethnischen Unterschiede zwischen Latinern und Etruskern wahrscheinlich gar nicht so stark wahrgenommen wie die spätere Überlieferung, welche die Frühgeschichte als einen patriotischen Freiheitskampf der römisch-latinischen Geschlechter gegen einen etruskischen »König« ausmalte. Überhaupt ist die alte und noch heute weitverbreitete Vorstellung eines über 200 Jahre währenden Königtums, das für die Stadtwerdung Roms verantwortlich war, wenig mehr als der Versuch, der unbekannten Frühzeit klare Konturen zu verleihen, an denen sich der heldenhafte Aufstieg der Stadt umso glänzender abzeichnen ließ.

Tatsächlich wurde die Urbanisierung durch das Zusammenwirken einer nicht vererbbaren Führungsposition und der adligen Elite vorangetrieben: Der Stadtregent führte das militärische Aufgebot, war oberster Richter und vertrat die Gemeinde gegenüber den Göttern. Beratend standen ihm die Oberhäupter der adligen Familien in einem »Ältestenrat« zur Seite; er hieß »Senat«. Die Adligen nannten sich Patrizier, sie waren in gentilizische Einheiten (Kurien) und in militärische Großverbände eingeteilt. Beide Seiten suchten im Laufe der Zeit ihre Stellung auszubauen: »Könige« versahen sich mit besonderen Amtsinsignien und legten sich, der Leibwache griechischer Tyrannen vergleichbar, mit Äxten und Rutenbündeln bewaffnete Amtshelfer (Liktoren) zu. Im Gegenzug suchten die aristokratischen Familien ihren Einfluss über den Rest der Bevölkerung zu stärken. Hierzu standen ihnen mehrere Mittel zur Verfügung, die für die weitere Geschichte der Republik von großer Bedeutung sind: zum einen ihre unantastbare Stellung als Clanführer der Gentilverbände; sie garantierte den Adligen eine eigene Gerichtsbarkeit und vielleicht die Aufstellung privater Kampfverbände. Ferner eine ungewöhnlich starke Stellung des Hausvaters (*pater familias*) mit einer umfassenden Gewalt über Leben und Vermögen der Familie; und schließlich eine besondere Form von Gefolgschaftsgruppen, welche die Römer *clientelae* nannten. Bindemittel zwischen Patriziern und ihrer Gefolgschaft war eine auf gegenseitiger Treue (*fides*) beruhende Beziehung (Klientel) zwischen einem sozial Mächtigen, in der Regel der adlige Patron, und einem oder mehreren sozial Niedrigeren, den Klienten. Der Patron vertrat seinen Klienten vor Gericht, half ihm mit Saatgut aus und steuerte die Mitgift für dessen Heirat bei. Im Gegenzug versprach der Klient treue Gefolgschaft und stärkte allein durch seine Existenz und Treuebindung die Autorität des Patrons. Diese Bindung entzog sich dem Zugriff des Stadtregenten (der seine eigenen Klienten hatte) und wurde so zu einer zentralen Säule aristokratischer Macht.

Das Verhältnis zwischen städtischen Eliten und Regenten war zwar durch die Konkurrenz um die Macht geprägt, doch fand man immer wieder zu einer fruchtbaren Kooperation, solange der gemeinsam vorangetriebene Urbanisierungsprozess der Gesamtgemeinde zugutekam. Tatsächlich erlebte Rom ähnlich wie die griechischen Kolonien und die etruskischen Städte seit der Mitte des 7. Jahrhunderts eine erste Blütezeit. Grundlage bildete – wie häufig im Mittelmeerraum – neben ausreichenden agrarischen Ressourcen ein florierender Handel. Er forcierte die Stadtwerdung zusätzlich: So wurde das Hafenbecken am Rindermarkt (*forum boarium*) erweitert und durch zwei Straßen mit dem Markt- und Versammlungsplatz (*forum Romanum*) verbunden. Im Stadtzentrum schüttete man die von Überschwemmungen bedrohte Forumssenke auf und planierte sie mit Pflastersteinen. Mit der *via sacra* entstand eine erste Straße innerhalb des neuen Stadtgebietes. Um 600 grub man einen Entwässerungskanal, der später zur berühmten *cloaca maxima* ausgebaut wurde. Ferner wurde der Volksversammlungsplatz ausgestaltet und erweitert sowie mit der *regia* (»Haus des Königs«) das erste Amtsgebäude errichtet. Das monumentalste Zeichen des Wohlstandes bildete der große Tempel für Iuppiter Optimus Maximus auf dem Kapitol. Rom besaß damit die wesentlichen Einrichtungen einer mediterranen Stadt.

Ablösung der Stadtregenten und Institutionalisierung der aristokratischen Ordnung im Zeichen der res publica

So eindrucksvoll sich das äußere Erscheinungsbild Roms auch wandelte, seit Ende des 6. Jahrhunderts verschärften sich die inneren Spannungen. Am Ende setzten sich die Patrizier gegen die Stadtregenten durch – und wiederum haben die Römer eine patriotische Geschichte daraus gemacht: Demnach entbrannte der Königssohn Sextus Tarquinius in Liebe zu einer verheirateten Römerin namens Lucretia und vergewaltigte sie, während der Ehemann im Felde stand. Am nächsten Morgen erzählte Lucretia das Geschehen ihrem Vater und dem versammelten Volk. Um nicht mit der Schande leben zu müssen, erdolchte sie sich in aller Öffentlichkeit. Das Volk schwor, die tyrannische Herrschaft der Königsfamilie zu beenden. Und tatsächlich konnten alle Versuche des Tarquinius, die Stadt zurückzuerobern, abgeschlagen werden. Der Sieg wurde mit dem Beschluss der Römer besiegelt, nie mehr Könige in ihrer Stadt zu dulden und nur noch zeitlich befristete Führungsämter zu vergeben. Die Quellen bezeichnen diese neue Ordnung als *res publica* (= Republik).

Die Lucretiageschichte gehört zu den großen Gründungsmythen der Römischen Republik. Authentisch ist an ihr nur das Ergebnis, nämlich der Übergang der Herrschaft von den Stadtregenten (»König«) auf die Patrizier. In der Realität verlief die Ablösung des »Königtums« undramatischer und hatte strukturelle Gründe. Manches spricht dafür, dass die Patrizier sich nicht mehr mit dem Machtanspruch eines Regenten abfinden wollten, der durch den Bau des Jupitertempels seine Herrschaft auch noch religiös zu verklären suchte. Damit überdehnte er die Bereitschaft der Adligen, die herausgehobene Stellung eines einzelnen hinzunehmen. Vielleicht boten aber auch Kämpfe zwischen etruskischen ›Warlords‹ um die Herrschaft in Rom den einheimischen Adligen die Chance, eine neue Ordnung zu begründen. Sehr wahrscheinlich spielten sich diese Vorgänge vor dem Hintergrund einer gesamtitalischen Entwicklung ab – auch in den griechischen Kolonien wurden Tyrannen gestürzt und eine bürgerstaatlich-aristokratische Ordnung etabliert. In Rom ging der innenpolitische Machtverlust des Regenten zusätzlich mit einer außenpolitischen Schwächephase einher: Die Etrusker mussten mehrere

Niederlagen gegen griechische Heerführer hinnehmen und wurden im Norden von den Kelten bedrängt. Militärische Siege waren schon immer ein Garant politischer Einzelherrschaft, und so wird auch in diesem Fall der Prestigeverlust der »Könige« im Kampf ihre Entmachtung im Innern begünstigt haben.

Der Regimewechsel machte in Rom den Weg frei für die Institutionalisierung der patrizischen Adelsherrschaft: An die Stelle des Stadtregenten trat ein Jahresamt, das regelmäßig von Patriziern neu besetzt wurde. Der Inhaber des Amtes hieß wahrscheinlich *praetor maximus*; *»praetor«* bezeichnet denjenigen, der dem Heer (als Oberkommandierender) vorangeht (*prae-ire*). Daneben gab es zwei rangniedrigere Prätoren. Die wichtigste Aufgabe der drei Beamten war die Führung des Milizheers. Der Senat wandelte sich von einem informellen Beratungsgremium des Stadtregenten zu einer Versammlung der patrizischen Familienoberhäupter, die nun den Beamten beratend zur Seite standen.

2 Äußere und innere Kämpfe in der Zeit der Frühen Republik bis zur Etablierung der Nobilität

Die Sicherung der Position in Mittelitalien

Zuerst die militärische Führung zu regeln entsprach den außenpolitischen Herausforderungen der Zeit. Die auf den Bergen um Latium siedelnden Äquer, Volsker und Aurunker nutzten den Verfall der etruskischen Macht und die Unsicherheit, die sich aus der Auflösung griechischer Tyrannenherrschaften ergab, und eroberten die fruchtbaren Ebenen Kampaniens. Eine zweite Stoßrichtung zielte auf die Tibermündung und auf das römische Siedlungsgebiet. Die Bedrohung mag von römischen Autoren im nachhinein überzeichnet worden sein. So viel ist aber gewiss: Der militärische Druck auf die junge Republik war größer als auf die frühen Poleis Griechenlands, die sich bis zu den Perserkriegen keiner massiven Aggression von außen erwehren mussten. Dagegen gewöhnten sich die Römer schon in einer frühen Phase ihres Staatswesens daran, sich gegenüber äußeren Gefahren zu behaupten. Hieraus entwickelte sich eine Kriegsmentalität, die das Verkraften von Niederlagen und den Kampf auch gegen überlegene Feinde bis zum siegreichen Ende zur Staatsraison erhob. In jedem Falle haben es römische Geschichtsschreiber verstanden, die frühen Abwehrkämpfe mit einer heroischen Erinnerungsaura zu versehen; ihr Einfluss auf die Erziehung junger Römer war immens.

Bei alldem weiß man bis heute nicht genau, wie sich die Republik eigentlich von diesem äußeren Druck befreite. Vielleicht zahlte sie Tribute, vielleicht hatte sie aber auch einfach Glück, weil die Feinde sich nicht zu gemeinsamen Aktionen entschließen konnten. Seit der Mitte des 5. Jahrhunderts fühlte man sich wieder so stark, dass man in die Offensive ging, wobei viele Aktionen noch von adligen Clanführern und ihren ›Privatarmeen‹ ausgingen. Höhepunkt dieser Entwicklung bildete die Eroberung der nahe gelegenen Etruskerstadt Veji. Rom verdoppelte dadurch sein Herrschaftsgebiet auf etwa 1500 km^2 und stieg zur größten Stadt Mittelitaliens auf.

Kurz danach drohte der Republik neue Gefahr durch die nach Mittelitalien ziehenden Kelten. Am 18. Juli 387 besiegte eine keltische Abteilung das römische Aufgebot an dem Flüsschen Allia. Der Tag ging als schwarzer Tag (*dies ater*) in das kollektive Gedächtnis der Römer ein. Danach besetzten die Kelten Rom. Nur der Burgberg, das Kapitol, konnte angeblich gehalten werden. Dass die schlafende Besatzung durch das Geschnatter der heiligen Gänse vor dem Sturm der Gallier bewahrt wurde, ist eine Legende. Die Realität sah nüchterner aus: Die Kelten waren (wie später die Germanen) nicht an das Leben in größeren Städten gewöhnt und zogen deshalb nach ausgiebiger Plünderung und dem Erhalt einer hohen Tributzahlung wieder ab. In Rom begann der Wiederaufbau. Monumentale Zeichen der raschen Erholung sind nicht nur der Ausbau des Entwässerungskanals zur *cloaca maxima* sowie des *circus maximus*, sondern besonders die sogenannte Servianische Stadtmauer. Sie umfasste mit einer Länge von 11 km ein Siedlungsareal von 426 ha. Reste sind noch heute nahe dem Hauptbahnhof Roms, dem Stazione Termini, zu bewundern.

Um sich gegen zukünftige Einfälle zu wappnen, schloss die Republik ferner um 370 ein Bündnis (*foedus Cassianum*, nach dem beeidigenden Beamten Spurius Cassius) mit den übrigen latinischen Stämmen, die ebenfalls unter den Kelteneinfällen gelitten hatten (Quelle 1). Der Vertrag sah die militärische Unterstützung für den Fall eines gegnerischen Angriffs vor und verschaffte den Bürgern der vertragschließenden Parteien Rechtssicherheit vor allem bei Handelsstreitigkeiten. Das gemeinsame Heer der Latiner und Römer befreite Latium endgültig vom Druck seitens volskischer Bergvölker, eroberte weitere etruskische Städte und sicherte das Neugewonnene durch befestigte Siedlungen waffenfähiger Bürger (*coloniae*). Ferner trug die Kooperation dazu bei, dass der überregionale Handel wieder erstarkte, wovon insbesondere die römischen Adligen profitierten. Sie partizipierten offenbar mit eigenen Schiffen am Überseehandel und waren dabei so erfolgreich, dass das mächtige Karthago glaubte, sie auf bestimmte Aktionsradien im westlichen Mittelmeer und auf die Beachtung von Regelungen auf den von Karthago kontrollierten Inseln festlegen zu müssen (Quelle 2). Im Gegenzug verpflichteten sich die Karthager, bestimmte latinische Gemeinden nicht anzugreifen sowie sich von denen fernzuhalten, die noch nicht unter römischer Vorherrschaft standen. Wenn sie dies aber doch täten, dann sollten sie die Städte nach der Eroberung und Plünderung den Römern übergeben, mit anderen Worten: Die Karthager erledigen gegen die Überlassung der Beute die militärische Vorarbeit, die Römer übernehmen danach das Territorium und erweitern ihre Herrschaft, ohne selbst militärisch aktiv zu werden.

Man kann sich leicht ausmalen, wie die Latiner reagierten, als bekannt wurde, dass Rom sich entgegen dem Geist und den Bestimmungen des *foedus Cassianum* als Herr Latiums aufspielte und die Karthager für ihre machtpolitischen Ziele gegen die latinischen ›Brüder‹ einsetzte. Es kam zum Krieg, dem sogenannten Latinerkrieg, den Rom im Jahr 340 siegreich beendete. Welche Bedeutung die Römer diesem Erfolg beimaßen, zeigt die Tatsache, dass nach dem Seesieg über die letzte, sich hartnäckig wehrende Küstenstadt Antium im Jahr 334 v. Chr. die »Schnäbel« (*rostra*) der gegnerischen Kriegsschiffe an der Rednerbühne auf dem Forum angebracht wurden. Sie zeugen von dem Stolz, nicht nur ganz Latium, sondern auch die Küste im Kampf gegen die Gegner zur See erobert zu haben.

Der Latinerbund wurde vollständig aufgelöst. Lediglich die Städte Tibur und Praeneste, die Rom die Treue gehalten hatten, behielten ihre Souveränität und schlossen mit Rom einen Vertrag, der sie zur Heeresfolge verpflichtete. Alle übrigen latinischen Gemeinden wurden in den römischen Staatsverband integriert, allerdings in verschiedenen Abstufungen: Wo militärische Erwägungen dies nahelegten, wandelte man die ehemalige Gemeinde in eine sogenannte latinische Kolonie um; sie setzte sich aus römischen und nichtrömischen (latinischen) Bürgern zusammen. Die meisten wurden dagegen unter Wahrung ihrer Selbstverwaltung im Bereich der Zivilgerichtsbarkeit sowie insbesondere bei der Versorgung mit Nahrungsmitteln und Wasser als *municipia* Bestandteil des römischen Staatsgebietes. Es wuchs auf ca. 6400 km², die Zahl der mobilisierungsfähigen Soldaten verdoppelte sich – trotz der Kriegsverluste.

Innere Konflikte als Begleiterscheinungen und Folgen der Kriege

Erfahrungsgemäß verlaufen langwierige militärische Auseinandersetzungen, selbst wenn sie mit einem Erfolg enden, nicht ohne innere Spannungen. So war es auch in Rom. Um den äußeren Gefahren kurz nach der Entmachtung des Stadtregenten zu begegnen, waren die als Reiter in den Kampf ziehenden Patrizier gezwungen, immer mehr Milizionäre aus dem breiten Volk zu rekrutieren. Sie kämpften als Schwerbewaffnete in einer von den Etruskern oder Griechen übernommenen Formation, die man Phalanx nannte; die Bevölkerungsteile, die sukzessive diese Formation füllten (lat. *plere* ›füllen‹), wurden Plebejer genannt. Sie setzten sich überwiegend aus mittleren und kleineren Bauern sowie aus Handwerkern und Händlern zusammen, doch es gab auch reiche plebejische Familien, die nach der Vertreibung der Stadtregenten im Kampf um die Macht unterlegen waren. Ein Aspekt einte sie alle: Die Plebejer standen außerhalb der Rechtsordnung und waren auch keine Klienten der Patrizier, sie konnten nicht Beamte werden, sie durften nicht an den Sitzungen des Senats teilnehmen und auch nicht als Richter oder Priester fungieren.

Je mehr sich die Kriege der Republik ausweiteten und die plebejische Phalanx zum Rückgrat des Bürgerheeres wurde, desto größer wurde das Missverhältnis zwischen *politischer* Benachteiligung und *militärischer* Beanspruchung der Plebejer. Die Fußsoldaten trugen die Hauptlast des Krieges und konnten somit zu Recht von sich behaupten, auch für militärische Erfolge wesentlich verantwortlich zu sein. Doch anstatt für ihre Opferbereitschaft belohnt zu werden, ging es vielen schlechter, wenn sie nicht vorher auf dem Schlachtfeld ihr Leben gelassen hatten. Zwar dürften sich auch einige Plebejerfamilien im Krieg bereichert haben, doch viele litten darunter, dass ihre Höfe und Äcker durch die Einfälle der Äquer, Volsker, Sabiner und Etrusker zerstört wurden. Um zu überleben, verschuldete man sich oder verkaufte Reste des Gutes. Kam dann noch das Problem der Erbteilung hinzu, so gerieten viele in Schuldknechtschaft. Aufgrund der strengen Regeln des altrömischen Schuldrechts konnte ein Gläubiger seinen Schuldner, wenn die Rückzahlung ausblieb, als Sklave verkaufen. Wie in allen Agrargesellschaften nutzten die reicheren Großgrundbesitzer nicht selten die Chance, um ihren Bodenbesitz zu erweitern.

Erstaunlicherweise entluden sich die inneren Spannungen jedoch, anders als in vielen griechischen Stadtgemeinden ein Jahrhundert zuvor, nicht in Bürgerkriegen. Was wir heute gemeinhin als Ständekämpfe bezeichnen, war in Wirklichkeit ein über Generationen schwelender Konflikt, der immer wieder durch Phasen der Einigung gekennzeichnet war und niemals in offene Gewalt umschlug. Ein entscheidender Grund hierfür war die militärische Bedrohung von außen. Sie verhinderte ein Austragen der inneren Konflikte und gab den Plebejern von Anfang an einen Trumpf in die Hand, der mehr zählte als alles andere: Die plebejischen Soldaten bildeten das Rückgrat der Bürgermiliz, und so fanden ihre Anführer ein effektives, aber gewaltloses Mittel, um sich gegen die Repressalien der zunächst besser organisierten patrizischen Familien zu wehren: Sie drohten damit, nicht mehr ins Feld zu rücken, wenn ein Feind die Stadt bedrohte. Vielleicht kündigten sie sogar an, aus der Stadt zu ziehen und die Patrizier ihrem Schicksal zu überlassen. Tatsächlich kam es nie so weit, doch allein die überraschende Wucht der geschlossenen Aktion gegenüber den Beamten der Patrizier war immens. Die erste Wehrdienstverweigerung der Geschichte, die fast Züge eines Generalstreiks annahm, zeigte Wirkung, wenn auch nicht sofort, aber Schritt für Schritt, weil die Plebejer so klug waren, sich auch auf institutioneller Ebene zu formieren.

Um handlungsfähig zu sein und ihren Forderungen Gehör und Gewicht zu verschaffen, bildeten die Plebejer zwei wichtige Organe: erstens eine eigene Versammlung, zu der die Patrizier keinen Zutritt hatten. Diese »Volksversammlung« (*concilium plebis*) trat nicht mehr nach verwandtschaftlichen bzw. familiären Organisationskriterien (wie die alte Volksversammlung der »Königszeit«), sondern nach Ortsbezirken, den sogenannten *tribus*, zusammen. Damit demonstrierten die Plebejer ihre Unabhängigkeit von den alten patrizischen Kontrollen, die auf der Geschlechterorganisation, den *gentes*, beruhten. Dies taten sie auch dadurch, dass sie ihre Beschlüsse *plebiscita* nannten.

Geleitet wurde die neue Tribusversammlung von zwei bis drei Volkstribunen. Den Volkstribunen standen zwei plebejische Ädile zur Seite. Sie übernahmen offenbar organisatorische Aufgaben innerhalb der plebejischen Versammlung, etwa beim Vollzug religiöser Handlungen, und bildeten allein durch ihre Existenz und ihre Aktivität ein Konkurrenzorgan gegenüber den patrizischen Einrichtungen. Die Volkstribune setzten die Beschlüsse gegenüber den Patriziern durch und sollten die Plebejer vor der Willkür patrizischer Magistrate schützen. Das tat ein Volkstribun, indem er zwischen Plebejer und Magistrat trat. Das lateinische Wort für ›Dazwischentreten‹ ist *intercedere* – die Behinderung der Amtsgeschäfte der Magistrate durch einen Volkstribun nannte man demnach Interzession. Um die Volkstribune selbst gegen Angriffe der Patrizier zu schützen, verpflichteten sich alle Plebejer per Eid, dass der Volkstribun im Falle eines solchen Angriffes von *allen* Plebejern verteidigt und der Angreifer von *allen* Plebejern verflucht (*sacer*), geächtet und sogar verurteilt und getötet werden sollte. Damit erhielt der Volkstribun eine religiöse Unantastbarkeit, von den Römern *sacrosanctitas* genannt. Er war vor dem Zugriff des politischen Gegners dadurch geschützt, dass dieser bei einem Angriff mit Verfluchung und göttlicher Strafe zu rechnen hatte. Das war ein äußerst geschickter Schachzug der Plebejer und zeigt erneut, dass wir es bei ihnen nicht ausschließlich mit armen, ungebildeten Bauern, sondern mit gewieften Taktikern zu tun haben: Sie stellten dem Anspruch der Patrizier, alle staatlichen Handlungen aufgrund der religiösen Bindung an die Tradition exklusiv durchführen zu können, einen auf der gleichen Ebene angesiedelten Anspruch entgegen, dass ein Angriff auf ihre Vertreter religiös begründete Folgen haben werde. Gleichzeitig – und dieses Element war in der politischen Praxis von besonderer Bedeutung – stärkte die Verankerung gemeinsamer Verteidigungsaktionen in einem religiösen Kontext das Selbstbewusstsein der Plebejer und die Solidarität untereinander.

Der Ausgleich der Interessen

Es ist ein in der Antike einmaliger Vorgang, dass sich ein von der Herrschaft ausgeschlossener Bevölkerungsteil in dieser Form organisiert und innerhalb der Stadt konkurrierende Gewalten schafft, ohne dass es zu einer Spaltung der Bürgerschaft oder zu einer Emigration des unterlegenen Teils kommt. Wahrscheinlich liegt der Grund hierfür in der Institutionalisierung des plebejischen Widerstandes. Dieser Widerstand ermöglichte eine Einhegung potentieller Gewalt, wobei er die patrizischen Ämter nicht ersetzte, sondern ergänzte und ein Mittel sein sollte, um diese Ämter für die Plebejer zu öffnen. Letztlich akzeptierten die Plebejer den organisatorischen Rahmen der Stadt als (gemeinsamen) Handlungsspielraum ihrer Bemühungen. Und dieser Handlungsspielraum ließ – zumal in

Zeiten militärischer Beanspruchung – bürgerkriegsähnliche Szenarien kaum zu. Zugeständnisse vonseiten der Patrizier waren zudem wahrscheinlicher, als wenn sie mit Gewalt oder der Androhung von Gewalt erzwungen worden wären.

Eine erste Konzession der Patrizier betraf, nicht überraschend, den militärischen Bereich. Bislang waren die Feldherrnposten und alle übrigen Befehlshaberstellen vom Stadtregenten ernannt bzw. nach Absprache zwischen den Patrizierfamilien im Senat ausschließlich mit Patriziern ohne Beteiligung des Volkes besetzt worden. Jetzt erklärten sich die Patrizier bereit, den Feldherrn in einer eigens eingerichteten Volksversammlung zu wählen, die nun neben die alte, nach Kurien geordnete trat. Es waren die *comitia centuriata*, weil sie nicht mehr nach (patrizischen) Geschlechterverbänden, sondern nach der militärischen Einheit der Hundertschaft (*centuria*, Plural: *centuriae*) gegliedert war. Diese Einheiten bildeten geschlossene Abstimmungskörper und verteilten sich auf Waffengattungen: An der Spitze standen die Reiter (18 Zenturien); dann folgten die Schwerbewaffneten, die in fünf Untergruppen 170 Zenturien (80 + 20 + 20 + 20 + 30) bildeten; je zwei Zenturien entfielen auf die Handwerker und die Spielleute. Die unterste Gruppe wurde mit nur einer Zenturie von den Besitzlosen (*proletarii*) gebildet.

Diese Ordnung erinnert an das Gliederungssystem, das Solon im 6. Jahrhundert in Athen eingerichtet hatte. Wie in Griechenland setzte die Zugehörigkeit zu den Waffengattungen der Reiter und Schwerbewaffneten ein bestimmtes Vermögen voraus; es wurde zu dieser Zeit, als es noch keine funktionierende Geldwirtschaft gab, nach der Größe des Grundbesitzes und dessen Ernteertrag bemessen. Ein solches, auf Vermögen beruhendes Versammlungskriterium nennt man timokratisch (nach griechisch *timḗ* ›Schätzung‹). In der römischen Versammlung hatten die Vermögenden das Sagen, denn die Reiter und die erste Klasse der Schwerbewaffneten bildeten aufgrund der Verteilung der Zenturien bereits die Mehrheit. Wenn ihr Votum übereinstimmte, musste nicht mehr weiter abgestimmt werden. Dennoch war diese Einrichtung ein Erfolg für die Plebejer. Politischer Einfluss wurde nun nicht mehr nach patrizischem Geburtsrecht, sondern nach Vermögen bemessen, und dies gab auch zumindest den reicheren Plebejern die Chance, innenpolitische Macht auszuüben.

Eine zweite Maßnahme richtete sich gegen die alleinige Zuständigkeit der Patrizier bei der Besetzung von Priesterämtern. Im frührepublikanischen Rom war die Priesterschaft der *pontifices* zuständig für die Formulierung und Verwaltung der mündlich überlieferten Rechtssätze, und da die Priester ausschließlich Patrizier waren, konnten diese das Recht nach eigenem Gutdünken fixieren und auslegen. Dieses Monopol wurde nun dadurch aufgehoben, dass man um 450 v. Chr. bestehende Rechtsregeln aufzeichnete und auf zwölf Tafeln veröffentlichte. Wir bezeichnen diese Sammlung als »Zwölftafelgesetz«. Auf der einen Seite gibt die Sammlung einen lebendigen Eindruck von der Not und der Bedrückung, denen vor allem die plebejischen Bauern ausgesetzt waren. Andererseits – und dies war ein relativer Fortschritt – verraten die Bestimmungen das Bemühen, die Einforderung von Schulden an Regularien und Instanzenwege zu binden sowie Willkür auszuschalten (Quelle 3). Gläubiger und Schuldner erhalten Rechtssicherheit, ohne dass sie das Ziel, die Begleichung der Schuld, aus den Augen verlieren. Es liegt deshalb nahe, in den Bestimmungen einen Erfolg der *plebs* (Volk) zu erkennen, die auf diese Weise eine der Ursachen ihres Unmuts beseitigen wollte.

Der rechtlichen folgte alsbald die soziale Gleichstellung der führenden Plebejerfamilien mit den Patriziern. Ein Gesetz des Jahres 445 (*lex Canuleia*) erlaubte die Heirat zwischen beiden Bevölkerungsschichten. Das Patriziat verlor damit einen Teil seiner Exklusivität, und die plebejischen Familien gewannen durch verwandtschaftliche Verbindungen Zugang zu den höchsten politischen Entscheidungsprozessen. Was noch fehlte, war eine formelle Möglichkeit der Beteiligung an den militärischen und politischen Spitzenpositionen des Staates. Auch hier dürften außenpolitische bzw. militärische Ereignisse als Katalysatoren gewirkt haben. Das Versagen der patrizischen Heerführer bei der Eroberung Roms durch die Kelten 387 hatte offenbart, dass man die militärische Führung der Stadt auch für Talente jenseits der patrizischen Elite öffnen musste. Äußerer und innerer Druck führten so im Jahr 367 zur Neugestaltung des obersten Amtes der Heeresführung (*leges Liciniae Sextiae*): Von den drei obersten Beamten mit militärischer Kommandobefugnis (*imperium*) sollte nun einer Plebejer sein dürfen (nicht müssen!). Um die Gleichberechtigung der Plebejer auch sichtbar zu machen, hob man zwei dieser Oberbeamten heraus und schuf für sie die neue Bezeichnung »Konsuln«. Sie führten fortan das militärische Aufgebot der Stadt, das entsprechend in zwei Abteilungen (Legionen) aufgeteilt wurde. Die besondere Form der Gleichberechtigung zweier oder mehrerer Beamten bezeichnet man als Kollegialität, wobei sich die Patrizier das Vorrecht bewahrten, dass sie immer mindestens einen der beiden Konsuln stellen durften. Das alte einstellige Amt des *praetor maximus* wurde fortan vornehmlich mit richterlichen Aufgaben betraut, behielt aber sein Recht der Heeresführung.

Umrisse einer gewandelten Ordnung: Die Republik unter Führung der Nobilität

In dem Augenblick, als die Plebejer (im Jahre 367 v. Chr.) das höchste Amt des Feldherrn besetzen konnten, gelangten sie erstmals auch in den Senat. Dieser wurde nun zu einer Versammlung der ehemaligen Beamten und Feldherren der Stadt.

Erfahrungsgemäß neigt eine wachsende Gruppe politisch und militärisch Aktiver dazu, sich erneut nach außen abzuschirmen. Recht bald kristallisierte sich neben den Patriziern eine Gruppe von ehrgeizigen plebejischen Familien heraus, deren Mitglieder öfters das Konsulat besetzten. Ohne ihre plebejische Abkunft zu vergessen, näherten sie sich damit den patrizischen Familien an. Der gemeinsame Kampf gegen auswärtige Feinde schweißte beide Führungsschichten zusammen. Sie entwickelten einen neuen Exklusivitätsanspruch, der sich aus der Besetzung des Konsulates und den für die Republik erbrachten Leistungen speiste. Diese Leistungen machten sie berühmt – *nobilis*, wie die Römer sagten. Wir nennen deshalb die neue elitäre Führungsschicht Nobilität. Zu ihnen konnte sich nur derjenige zählen, der unter seinen Vorfahren einen Konsul hatte oder durch die Bekleidung des Konsulats für sich und seine Nachkommen den Rang eines *nobilis* erworben hatte: Das waren im Laufe der Republik nicht viele Familien – man kann sie an zwei Händen abzählen –, und es kam auch nur selten vor, dass es einem Mitglied einer nicht-nobilitären Familie gelang, durch die Bekleidung des Konsulats in den Kreis der *nobiles* vorzustoßen. Einen solchen Politiker nannten die Römer einen »neuen Mann« (*homo novus*). Meist passte er sich schnell den Vorstellungen und Werten der Nobilität an und versuchte ihnen in besonderem Maße gerecht zu werden (Quelle 5).

Auch wenn für den Römer die Kriterien klar waren, die einen *nobilis* ausmachten, so blieb die Bezeichnung informell. Es handelte sich um einen ›Status‹, der weder standesgemäße Titel kannte noch mit einer institutionellen Ordnung wie dem Senat vollständig in Deckung zu bringen war: So gab es durchaus *nobiles*, die noch zu jung für eine politische Karriere waren oder an ihr scheiterten und deshalb auch nicht Senatoren wurden, während umgekehrt viele Senatoren nicht zu den Nobilitätsfamilien zählten, weil sie oder ihre Vorfahren niemals über das Amt des Prätors hinausgekommen waren. Diejenigen *nobiles* freilich, die ein Amt bekleidet und eine erfolgreiche politische Karriere absolviert hatten, besaßen ein viel höheres Ansehen (*dignitas*) und größeren politischen Einfluss (*auctoritas*) als die Senatoren aus nicht-nobilitären Familien. Sie bestimmten zumal dann, wenn sie als ehemalige Konsuln die höchsten Ränge des Senats (*gradus senatus*) einnahmen, auch dessen Politik und damit die Politik des Gesamtstaates. Allerdings mussten sich ihre Nachkommen ihres Status als *nobilis* immer wieder neu als würdig erweisen.

Die Etablierung der Nobilität auf der Basis des Konsulats und eines auf den Staat gerichteten Leistungsdenkens hat die Republik gerade in der Zeit äußerer Bedrohung gestärkt und wesentlich zum Ende der inneren Konflikte beigetragen. Der noch vor den Ständekämpfen so wichtige Unterschied zwischen Patriziern und Plebejern spielte seit der Mitte des 4. Jahrhunderts im politischen Alltag keine Rolle mehr. In der Folgezeit wurden auch fast alle übrigen Ämter (s. S. 42–45) und die meisten Priesterstellen den Plebejern geöffnet. Umgekehrt standen zwar die aus dem Ständekampf hervorgegangenen Posten wie die des Volkstribunats nur den Plebejern offen, aber sie wurden ebenfalls als ordentliches Amt anerkannt. In der Mitte des 4. Jahrhunderts waren somit die wichtigsten Institutionen der *res publica* ausgebildet. In den folgenden Jahrhunderten änderte sich nicht mehr die Grundstruktur, sondern nur noch die Zahl der Beamten; ferner haben sich die Mitglieder des Senats durch selbstauferlegte Beschränkungen im Bereich des Großhandels (*lex Claudia de nave senatorum* von 218) von den anderen wohlhabenden, aber politisch inaktiven Römern abgegrenzt. Und schließlich wurden insbesondere zum Ende der Republik hin die Regeln der Bestellung und Besetzung der Ämter verfeinert und durch Gesetze festgelegt.

An der Grundstruktur der römischen Verfassung hat dies jedoch nichts geändert.

3 Die Verfassung der Republik

Die gesellschaftlichen Grundlagen

Die Verfassung der Republik ist kein »geschriebenes«, durch einen einmaligen Akt entstandenes Dokument, sondern eine historisch gewachsene und sich über rund 400 Jahre hinweg entwickelnde Ordnung. Sie wurde getragen von den gesellschaftlichen Gegebenheiten und Normen einer aristokratisch dominierten Republik, der politischen Praxis sowie den politischen Institutionen und Gesetzen. Sämtliche Faktoren zu einem realistischen Gesamtbild zusammenzufügen gehört bis heute zu den anspruchsvollsten Aufgaben der Wissenschaft.

Unbestritten bildeten die Senatoren und Ritter gemeinsam die Elite der Republik; man kann sie als Aristokratie bezeichnen, von der sich lediglich die Nobilität als eine durch die Bekleidung des Konsulats gekennzeichnete Elite im engeren Sinne noch einmal abhob. Senatoren und Ritter zeichneten sich durch überdurchschnittlichen Reichtum aus, sie pflegten einen ähnlichen Lebensstil und waren gesellschaftlich, verwandtschaftlich und ökonomisch eng miteinander verbunden. Der entscheidende Unterschied bestand darin, dass sich die Senatoren für eine aktive politische Tätigkeit als Staatsbeamte entschieden hatten und damit in den Senat einzogen (deshalb die Bezeichnung »Senatoren«), während die Ritter lediglich als eine Art Landadel in ihren Heimatstädten Karrieren verfolgten und Führungspositionen übernahmen und/oder sich aktiv in einträglichen Handels- und Finanzgeschäften engagierten, die den Senatoren per Gesetz verschlossen waren. Ursprünglich bezeichnete man als Ritter all diejenigen Römer, die so reich waren, dass sie Anrecht auf ein vom Staat gestelltes Pferd hatten und als Reiter in den Krieg zogen. Viele von ihnen profitierten finanziell von den Kriegen, die Rom zunächst in Italien und dann im ganzen Mittelmeerraum führte, weil sie die lukrativen Staatsaufträge zur Versorgung der Truppen sowie später in den neu eingerichteten Herrschaftsgebieten die Einziehung der Steuern übernahmen und im Großhandel engagiert waren. Wenn ein Ritter sich entschied, eine Magistratur in Rom zu übernehmen und Senator zu werden, durfte er offiziell diese Geschäfte nicht mehr weiterführen, doch sein Lebensstil und sein Selbstverständnis als grundbesitzender Adliger blieben davon weitgehend unberührt.

Jenseits der Ritter und Senatoren stand die Masse des Volkes. Sie bestand bis zum 3. Jahrhundert neben einer kleinen Schicht von Handwerkern und Händlern durchweg aus Bauern, die mit ihrer Familie kleine und mittlere Betriebe von ca. 4 bis 10 ha bewirtschafteten. Unter Familie (*familia*) verstanden die Römer freilich etwas anderes als heute: Zu ihr zählten nicht nur die engeren Verwandten, sondern auch die (wenigen) Sklaven, die auf dem Hof mitarbeiteten. Unbestrittenes Oberhaupt der Familie war wie in ältester Zeit (s. S. 20) der jeweilige Familienvater. Er hatte das alleinige Verfügungsrecht über das Vermögen und besaß rein rechtlich sogar gegenüber seinen Kindern die Gewalt über Leben und Tod. Dennoch wird man sich das bäuerliche Leben nicht als Terrorherrschaft eines unbarmherzigen Tyrannen vorstellen dürfen. Zum einen haben im Laufe der Zeit Gesetze das Tötungsrecht des *pater familias* eingeschränkt, zum anderen war er selbst wie der gesamte Staat viel zu sehr auf die gedeihliche Mitarbeit aller Familienmitglieder angewiesen: Die Familie bildete – zumal auf dem Lande – das Zentrum des sozialen Daseins und war nicht nur eine Wirtschafts-, sondern auch eine Sakralgemeinschaft. Ein

Leben außerhalb oder im Streit mit der Familie war kaum denkbar, weil das in der Regel nicht nur den sozialen, sondern auch den wirtschaftlichen Untergang bedeutet hätte: Leitbild der bäuerlichen Wirtschaft war die autarke Selbstversorgung, die aber immerhin kleinere Überschüsse zum Verkauf auf den nahen Wochenmärkten anstrebte. Die Bäuerin arbeitete selbstverständlich auf dem Feld mit, besaß aber insgesamt eine größere Bewegungs- und Handlungsfreiheit als etwa im demokratischen Athen des 5. oder 4. Jahrhunderts – so wenn sie etwa mit ein oder zwei Sklavinnen kleine handwerkliche Erzeugnisse und Textilarbeiten herstellte und in der benachbarten Stadt verkaufte. Da zudem jeder Bauer in Kriegszeiten als Legionär ins Feld ziehen musste, kam es nicht selten vor, dass über mehrere Monate die Frau als Herrin des Hofes mit Unterstützung älterer Verwandter und erfahrener Sklaven die Geschäfte allein führte.

Grundsätzlich bewegten sich römische Frauen auch außerhalb des Hofes relativ frei und ungezwungen. Viele hatten eigene Verkaufsstände und gingen regelmäßig zum Markt. Die Frauen wohlhabender Römer besuchten das Theater, den Zirkus und die öffentlichen Bäder. Zudem nahmen sie – für griechische Verhältnisse undenkbar – an den Gastmählern ihrer Männer teil. Auch wenn sie wie überall in der Antike keine politischen Rechte besaßen, weder wählen, abstimmen noch gar Ämter bekleiden konnten, waren sie durch das römische Recht geschützt und konnten durch ihre Unverzichtbarkeit im wirtschaftlichen und sozialen (sowie z. T. religiösen) Leben informell nicht unerheblichen Einfluss ausüben. In der Späten Republik sollen adlige Frauen mitunter ganze politische Karrieren mitbestimmt haben.

Einen völlig anderen Status hingegen besaßen die Sklaven, die schon recht früh selbstverständlicher Bestandteil des römischen Hauses waren. Sie standen außerhalb des Bürgerverbandes, besaßen weder Rechtsfähigkeit noch Rechtsschutz, sondern waren wie eine Sache (*res*) Eigentum ihrer Herren. In der frühen Zeit bildeten vor allem verschuldete Römer den Sklavenstand, weil sie mit ihrer Person für ihre Schuld hafteten und bei Zahlungsunfähigkeit in die Schuldknechtschaft gerieten. Immer stärker ergänzt wurde die Zahl der Sklaven dann durch Kriegsgefangene: zunächst sprachverwandte Italiker, solange Rom in Italien operierte, später vor allem griechische, syrische, aber auch keltische und nordafrikanische Gefangene. Mit dem Ausgreifen Roms über den Mittelmeerraum und dem wachsenden Reichtum der römischen Eliten konnten diese auch billige Sklaven auf öffentlichen Märkten und über professionelle Händler erwerben.

Die Lebensbedingungen der Sklaven unterschieden sich je nachdem, wo sie eingesetzt wurden und lebten. In der Frühen und Mittleren Republik waren sie fest eingebunden in die *familia*, halfen bei der Feldarbeit mit, übernahmen mitunter organisatorische und finanzielle Aufgaben oder fungierten sogar als Erzieher. Diese Integration bewahrte sie in der Regel vor allzu harschen Übergriffen und Brutalitäten (auch wenn es diese natürlich immer wieder gab), nicht weil sich der Römer ihnen gegenüber moralisch oder menschlich verpflichtet fühlte, sondern weil er schlichtweg auf sie angewiesen war und sie Teil seines Vermögens bildeten. Als dann aber durch die erfolgreichen Kriege der Republik einerseits das Angebot billiger Sklaven stetig wuchs und andererseits Sklaven in immer größerer Zahl auch außerhalb der Familie, z. B. in den öffentlichen Bergwerken Spaniens oder auf den Großgrundbesitzungen reicher Römer in Sizilien und Italien, eingesetzt wurden, ging die soziale Anbindung der Sklaven und damit auch ein gewisser Standard im Umgang mit ihnen häufig verloren. Erst diese ›Vermassung‹ der Sklaven – am Ende der Republik sollen es drei Millionen bei einer freien Bevölkerung Italiens von sieben

Millionen gewesen sein – sowie ihre Beschäftigung in schwer kontrollierbaren Bereichen außerhalb des Hauses dürfte auch zu den bekannten Sklavenaufständen der letzten beiden Jahrhunderte der Republik beigetragen haben. Viele reiche Römer oder ihre Verwalter besaßen nun so viele Sklaven auch außerhalb ihres unmittelbaren Lebensbereiches, dass persönliche Beziehungen zwischen Sklave und Herr für die Mehrheit gar nicht mehr möglich waren.

Ein besonderes und von diesen Entwicklungen weitgehend unabhängiges Merkmal der römischen Einstellung zur Sklaverei bestand darin, dass viele Herren aus der Vielzahl ihrer Sklaven immer wieder besonders tüchtige und vertrauenswürdige mit Sonderaufgaben betrauten und diese nach einer gewissen Zeit freiließen oder ihnen den Freikauf ermöglichten. Nach ihrer Freilassung wurden die ehemaligen Sklaven römische Bürger; viele von ihnen konnten – zumal in den letzten Jahrhunderten der Republik – beachtliche Reichtümer erwerben, weil sie sich in sehr lukrativen Wirtschaftsbereichen wie dem Bankgeschäft oder dem Überseehandel engagierten. Die Freilassung war und blieb somit ein wichtiges Instrument der Integration und vor allem des wirtschaftlichen Erfolges, der auch dem ehemaligen Herrn zugutekam: Denn die aus ihrer fernen Herkunft erwachsenen Verbindungen, die Mehrsprachigkeit und nicht zuletzt die unbedingte Loyalität, die der Freigelassene nun als Klient gegenüber seinem ehemaligen Herrn bewahrte, erlaubten es diesem auch jenseits politischer oder rechtlicher Beschränkungen, Geschäfte großen Stils teilweise über den gesamten Mittelmeerraum zu tätigen und seine Güter zu beaufsichtigen, ohne dass ihm hierfür Sonderausgaben erwuchsen. Die Sklavenhaltung bildete somit eine wichtige ökonomische Grundlage der römischen Gesellschaft und ihrer Verfassung: Sie sicherte dem kleinen Bauern vielfach das Überleben, erleichterte den Wohlhabenden, ihren Reichtum zu organisieren und zu mehren, und ermöglichte den politisch Ehrgeizigen, ihre Karriere zu verfolgen und sich ganz auf ihre Aufgaben als Beamter, Senator oder Feldherr zu konzentrieren.

Die Institutionen der Verfassung: Senat, Volksversammlung, Magistrate

Weitaus überschaubarer als die sozialen Schichtungen der Gesellschaft sind die politischen Institutionen: Wie in allen Städten des Mittelmeerraums bildeten der Ältestenrat (Senat), die Versammlung des Volkes und die Beamtenschaft (*magistratus*) die drei Säulen der Verfassung. Ungewöhnlich war, dass Rom seit 287, als die Beschlüsse der plebejischen Volksversammlung (*concilium plebis*) für alle Bürger, gleich ob plebejischer oder patrizischer Herkunft, verbindlich wurden, formal vier **Volksversammlungen** hatte: die alten *comitia curiata*, die *comitia centuriata* aus der Zeit der frühen ›Ständekämpfe‹, die *comitia tributa* (benannt nach der Gliederung nach Ortsbezirken, *tribus*) und das *concilium plebis*, das den Plebejern vorbehalten war.

Die Versammlungen des Volkes hatten drei Aufgaben. In ihnen wählten die wehrfähigen Bürger die Magistrate: die Zenturiatkomitien die höchsten Beamten, also die Konsuln, Zensoren und Prätoren, die Tributkomitien die nächstniedrigeren (Quästoren, kurulische Ädile), das *concilium plebis* bestellte die Volkstribune. Außerdem dienten die Volksversammlungen dazu, über Gesetze abzustimmen; das *concilium plebis* entschied über Gesetzesvorlagen der Volkstribune. Und schließlich musste das Volk über den Beginn und das Ende eines Krieges befragt werden und verwarf oder bestätigte internationale Verträge. Allerdings traten die Volksversammlungen niemals von sich aus zusammen. Sie mussten stets von einem Beamten einberufen werden. Außerdem konnte kein Bürger, wie in der attischen Demokratie, eigenmächtig Anträge stellen oder zu den behandelten Themen Stellung nehmen. In den genannten Versammlungen wurde ausschließlich und ohne vorherige Diskussion gewählt bzw. abgestimmt. Wer einen Antrag begründen oder dessen Ablehnung empfehlen wollte, konnte dies auf einer zuvor einberufenen, nicht abstimmungsberechtigten Volksversammlung (*contio*) tun. Dort hörte das Volk zu und konnte durch Lärm oder Zwischenrufe den Redner behindern und seinen Unmut äußern. Wirklich aktiv wurde es jedoch erst, wenn man zur Abstimmung oder zur Wahl der Beamten schritt. Anders als in Athen galt nicht das Prinzip »ein Mann, eine Stimme«, sondern die Bürger stimmten kollektiv in einem der Stimmkörper (Tribus oder Zenturien) ab; die dort erzielte Mehrheit ging dann als eine Stimme ins Gesamtergebnis aus 35 Tribus bzw. 193 Zenturien ein.

Die **Beamten** (Magistrate) Roms unterschieden sich in vielerlei Hinsicht von den Beamten moderner Staaten: Sie wurden gewählt (nicht ernannt), amtierten grundsätzlich nur ein Jahr und erhielten auch kein Geld für ihre Tätigkeit und erwarben keine Pensionsansprüche. Amtsträger zu sein konnte man nicht wie heute durch ein Studium ›lernen‹. Vielmehr wurde von allen Beamten erwartet, dass sie vor allen wichtigen Entscheidungen den Rat anderer *nobiles* einholten, so dass sämtliche Amtshandlungen und Entscheidungen der informellen Kontrolle der regierenden Elite unterlagen. Die Jüngeren nahmen früh an Beratungen und Entscheidungen teil und lernten so durch Beobachten und Nachahmen.

Anders als in den meisten griechischen Stadtstaaten waren die Ämter in Rom im Hinblick auf Ansehen und Autorität hierarchisch geordnet. Im Laufe der Zeit ergab sich eine bestimmte Reihenfolge (*cursus honorum*), in der man die Ämter bekleidete. Während man sich in den griechischen Städten ohne vorherige Karriereschritte für jedes Amt bewerben konnte, musste man in Rom in der Regel zunächst die Quästur absolvieren. Die Quästoren waren für die Führung der Staatskasse in Rom zuständig. Außerhalb Roms verwalteten sie die Kriegs- oder Provinzialkasse der Konsuln und Prätoren. Im Laufe der Zeit wurden weitere Quästorenstellen für die römische Flotte eingerichtet, deren Unterhalt sehr kostspielig war. Was uns etwas seltsam anmutet – dass man nämlich die niedrigste Beamtenkategorie mit den Staatsfinanzen betraute –, ergab sich aus dem historisch-politischen Kontext der Verfassungsentwicklung. Diese war durch zwei wesentliche Faktoren bestimmt: die kriegerische Bewährung des Staates und den Ausgleich der Interessen im Innern. Deshalb waren die höchsten Beamten mit der Heeresführung betraut, wohingegen der für uns heute so wichtige Bereich der Staatsfinanzen als ein nicht sehr prestigeträchtiges Anhängsel betrachtet wurde. Faktisch wurde die Entscheidung über Ausgaben zudem mehr und mehr eine Domäne des Senats.

Nach der Quästur folgte die Ädilität. Der Amtsbereich der Ädile umfasste lediglich die Stadt Rom. Ihnen oblag ursprünglich die Aufsicht über die Tempel (*aedes*), im Laufe der Zeit dehnte sich diese Aufsicht über die Marktplätze und Straßen der Hauptstadt aus, und sie übten so etwas aus wie eine allgemeine Polizeiaufsicht. Darüber hinaus organisierten sie mit beträchtlichem Einsatz eigener Geldmittel die öffentlichen Feste und waren verantwortlich für die Getreideversorgung der Stadt. Eine bestimmte Zahl von (plebejischen) Ädilen leitete das *concilium plebis*.

Nach der Ädilität folgten die begehrten Magistraturen, die zur Führung des Heeres berechtigten, zunächst die Prätur: Prätoren konnten im Notfall ein eigenes militärisches Kommando führen, vertraten aber in der Regel die Konsuln in allen zivilen Regierungsgeschäften, konnten also auch Senat und Volksversammlung einberufen, wenn die Konsuln im Krieg oder mit anderen auswärtigen Angelegenheiten beschäftigt waren. Als ihre wichtigste Funktion schälte sich aber schon bald die Rechtsprechung heraus. Alle größeren Gerichtsprozesse wurden in Rom von einem Prätor (*urbanus*) geleitet, wobei er allerdings nicht als ausschlaggebender Richter, sondern als Organisator und oberste Instanz fungierte.

Die beiden Konsuln waren die höchsten Beamten der Republik. Sie kommandierten nicht nur die Armee, sondern leiteten die *res publica* auch im Innern, indem einer von ihnen jeweils den Senat und die Kuriat- und Zenturiatkomitien berief sowie die Sitzungen leitete. Die Konsuln waren die eigentlichen Repräsentanten des Staates. Nichtrömer verglichen sie deshalb mit Königen. Da jedoch jährlich nur zwei Stellen vergeben wurden, schafften nur wenige den Sprung bis zum Konsulat – eine gefährliche Quelle inneren Haders, der sich gegen Ende der Republik noch verschärfte, als Sulla die Zahl der Prätoren erhöhte, die der Konsuln aber bei zwei beließ (s. S. 105).

Die Amtsdauer auf ein Jahr zu begrenzen (Annuitätsprinzip) diente sicher auch der Kontrolle der jeweiligen Amtsinhaber; in der kurzen Zeit konnten sie ihre Aufgaben erfüllen, aber keine längerfristigen Projekte angehen oder sich eine Machtposition aufbauen. Außerdem war es nicht erlaubt, mehrere Ämter gleichzeitig zu besetzen (Kumulationsverbot) und nach Ende der Amtszeit ohne einjährige Unterbrechung das nächste Amt zu bekleiden (Kontinuationsverbot). Jedes Amt mindestens doppelt zu besetzen (Prinzip der Kollegialität), kann man ebenfalls mit dem Gedanken der Kontrolle erklären; dafür spricht das Recht jedes Beamten, gegen die Amtshandlung seines Kollegen Einspruch zu erheben (*veto* ›ich verbiete‹) und sie damit zu unterbinden (Interzessionsrecht). Doch in der Praxis kam die gegenseitige Kontrolle der Amtsträger gleichen Ranges bis hin zur Interzession kaum vor, zumal außerhalb von

Rom, wo Konsuln und Quästoren meist in unterschiedlichen Regionen operierten. Die Kollegialität erwuchs also eher aus der Notwendigkeit, für alle Aufgaben eine ausreichende Zahl von Amtsträgern zu haben, z. B. auf zwei Kriegsschauplätzen oder später für die Verwaltung der Provinzen.

Bei den ausschließlich in Rom tätigen Volkstribunen ist dieser Zweck handgreiflich, war es doch ursprünglich ihre Aufgabe gewesen, in eigener Person ganz konkret durch »Dazwischentreten« bedrängten Plebejern zu helfen. Formal hatte der Volkstribun auch nach den Ständekämpfen die größte Macht aller Beamten – allerdings nur in der Stadt Rom. Er konnte die plebejische Volksversammlung einberufen und leiten, gegen jeden Beschluss eines Beamten und sogar gegen einen Senatsbeschluss sein Veto einlegen und bedrängten Bürgern gegen magistratische Amtshandlungen zu Hilfe kommen. Dennoch blieb das Volkstribunat bis in die Späte Republik meist ein verlängerter Arm des Senats, weil die Volkstribune in aller Regel aus den gleichen Familien stammten wie die Inhaber höherer Ämter.

Der **Senat,** die dritte Säule der Verfassung, tagte in geschlossenen Räumen innerhalb der Stadt, meist in einem Tempel auf dem Kapitolshügel (Tempel des Iuppiter Optimus Maximus) oder am Forum Romanum, in der Curia Hostilia in der Nordwestecke des Forums. Er bestand bis zu den Reformen Sullas im 1. Jahrhundert v. Chr. aus 300 Mitgliedern. Offiziell ernannten die beiden Zensoren, die alle fünf Jahre gewählt wurden und dann 18 Monate lang amtierten, die Senatoren, indem sie die Liste der Senatoren vorlasen. Dabei nahmen sie in der Regel alle gewesenen Beamten auf. Nur in Ausnahmefällen konnte der Zensor einen Bürger direkt zum Senator ernennen, den er für würdig hielt, auch ohne dass dieser Beamter gewesen war (*adlectio*), wie er umgekehrt Senatoren aus dem Senat entfernen konnte, indem er deren Namen einfach nicht verlas.

Politische Praxis und Willensbildung

Formal gesehen scheint die Macht recht gleichmäßig auf die Institutionen des Volkes, auf den Senat und die Beamten verteilt gewesen zu sein, und tatsächlich hat ein griechischer Beobachter des 2. Jahrhunderts v. Chr., Polybios, auch die römische Ordnung als eine Mischverfassung darzustellen gesucht. Die Praxis sah jedoch anders aus: Der Senat erteilte den Beamten zwar offiziell lediglich Handlungsanweisungen und Ratschläge (*senatūs consulta*); er konnte auch nicht eigenmächtig einen Kriegsbeschluss durchsetzen oder einen Friedensvertrag annehmen. Doch vereinte der Senat in sich ein hohes Maß politischer Erfahrung und beträchtlichen Reichtum. Weil zusätzlich fast jeder Beamte mit den Senatoren befreundet oder verwandt war und seine eigene Karriere nicht durch Konflikte mit den einflussreichen Herren gefährden wollte, wagte es kaum ein Magistrat, sich der geballten Kraft politischer Erfahrung und adliger Autorität entgegenzustellen – und wenn doch, dann nur, wenn er mindestens eine starke Gruppe von Senatoren auf seiner Seite wusste. Obwohl der Senat und die in ihm vertretenen *nobiles* keine rechtlich abgesicherte Erzwingungsgewalt besaßen, lag das entscheidende Gewicht aller politischen Handlungen in der längsten Zeit der Republik bei den adligen Familien. Bevor eine politische Debatte im Senat begann oder eine Entscheidung dem Volk zur Abstimmung präsentiert wurde, waren die entscheidenden Probleme ausführlich in den Häusern der führenden *nobiles* diskutiert worden. Natürlich gab es auch hier unterschiedliche Meinungen, und meist bildeten sich um die Meinungsführer verschiedene Gruppen und bekämpften einander. Doch wenn man dann in den Senat ging, war dieser Kampf um die richtige Linie häufig bereits entschieden.

Allerdings führte das nicht zu einer von der Gesamtheit des

Volkes völlig abgehobenen Kabinettspolitik. Das Selbstverständnis der Nobilität beruhte auf rühmenswerten Taten für die *res publica* (s. S. 35 und Quelle 4). Dieser für die Antike einzigartige Bezug der Elite auf den Staat war vermutlich eines der großen Geheimnisse des außenpolitischen Erfolges der Republik. Das adlige Leistungsdenken benötigte immer die Bestätigung durch die Öffentlichkeit. Die Volksversammlungen garantierten, dass sich die Amtsträger der Zustimmung des Gesamtvolkes versicherten. Sie waren das Forum, auf dem sich die Nobilität ihre Erfolge im Kampf um die höchsten Posten im Staat bestätigen ließ und auf dem sie ihre politischen Ambitionen offenbarte. Außerdem war jeder *nobilis* über das Klientelwesen mit dem Volk verbunden. Für ihn bildete die stattliche Zahl seiner Klienten zum einen den zusätzlichen Ausweis seiner Tüchtigkeit, er benötigte die Klienten jedoch auch mindestens einmal im Jahr, um sich selbst, seinen Söhnen, Verwandten oder befreundeten Standesgenossen die Tür zu den begehrten Staatsämtern zu öffnen, die per Wahl in den Komitien besetzt wurden.

Denn anders als heute wurde in Rom die gesamte Beamtenschaft und damit faktisch die komplette Regierung einmal im Jahr neu gewählt. Schon lange vor den Wahlen hatte sich der Anwärter bei seinen Wählern beliebt gemacht, indem er großzügige Getreidespenden finanzierte oder als Ädil öffentliche Spiele sponserte. Auch als Feldherr durfte man den zukünftigen Wahlkampf nicht vergessen. Reiche Beute, viele Siege und ein Ohr für den kleinen Soldaten waren wichtig, denn wenn man heimkehrte, waren alle diese Soldaten potentielle Wähler. Die Wählerschaft selbst bestand ausschließlich aus römischen Bürgern. Die meisten stammten anfangs aus Rom und der unmittelbaren Umgebung. Erst als Rom seit dem 4. Jahrhundert Kolonien in den eroberten Gebieten im übrigen Italien anlegte, gab es auch Bürger weit entfernt von Rom. Sie mussten nach Rom reisen, um ihr Stimmrecht wahrzunehmen. Vielen Bauern fehlten dazu die Mittel und die Zeit, so dass sich die aktive Wählerschaft im Laufe der Republik auf die Einwohner Roms konzentrierte. Ihre Interessen orientierten sich an denen ihrer jeweiligen Patrone. Ein Ausscheren aus der Loyalitätsbeziehung war auch deshalb schwer, weil zumindest in der Mittleren Republik die Abstimmungen nicht geheim waren, sondern von außen sehr genau beobachtet (und beeinflusst) werden konnten. So standen die Patrone an der Seite der Wahlreihen und vermochten von dort aus Druck auf ihre Klienten ausüben.

Die *nobiles* dominierten aber nicht nur die Politik, sondern bestimmten auch die gesellschaftlichen Normen. Wie die meisten Adelsgesellschaften war die römische Nobilität an der Wahrung der bestehenden Verhältnisse interessiert und durch den Respekt gegenüber den Vorfahren geprägt. Man nannte die Summe all dieser von den Vorfahren vertretenen und angeblich vorgelebten Werte und Handlungsweisen *mos maiorum*, die »Sitte der Vorfahren«. Verständlicherweise malten sich die adligen Familien ihre Vergangenheit besonders heroisch aus. Ihre Helden sind sparsam, nüchtern und streng gegenüber sich und ihrer Familie und jederzeit bereit, ihr eigenes Leben für den Staat zu geben, eben Römer von altem Schrot und Korn. Solche Heroen waren natürlich Produkte der Phantasie und spiegelten mehr die angestrebten Ideale ihrer Erfinder als die historische Realität. So sollte der stete Hinweis auf die Genügsamkeit der alten Römer gegenteiligen Tendenzen innerhalb der Adelsgesellschaft der eigenen Zeit entgegenwirken, die Glorifizierung der Opferbereitschaft für den Staat schuf nachahmenswerte Beispiele (*exempla*) und forderte die Jugend dazu auf, sich nicht auf den militärischen Lorbeeren auszuruhen. Schließlich sollten all die großen Helden und ihre Taten auch das Volk daran erinnern, welch großartige Leistungen ihre Elite vollbracht hatte. Je größer die Leistungen in der Vergangenheit, umso sicherer war auch der politische Anspruch der Adligen in der Gegenwart, die politische Führung auszuüben.

Religion und Politik

Die Dominanz der Adligen erstreckte sich auch auf den Bereich der Religion. Ursprünglich glaubten die Römer an unpersönliche göttliche Naturkräfte. Erst als sie stärker mit den unteritalischen Kolonien der Griechen in Kontakt kamen, übernahmen sie allmählich viele von deren Vorstellungen. Dennoch haben sie die Götter nie mit so starken menschlichen Eigenschaften und Attributen versehen wie die Griechen. Die römischen Götter blieben unpersönliche Wesen, mit denen man sich gutstellen musste, wenn man im Leben Erfolg haben wollte. Das Verhältnis zu den Göttern war rational und formalistisch. Das wichtigste Ziel bestand darin, ihren Willen überhaupt zu erkennen und danach zu handeln.

Nach der Vorstellung der Römer wirkten die Götter oft in den staatlichen Bereich hinein, und so war es nur vernünftig, wenn sich nicht eine abgeschlossene Priesterkaste, sondern Beamte um die Kommunikation mit ihnen kümmerten. Die Römer waren davon überzeugt, die Götter würden Zeichen aussenden, wenn man sie um ihre Meinung und Zustimmung bat. Aufgabe des Beamten war es, diese Zeichen entgegenzunehmen, zu deuten und im Auftrag des Staates die entsprechenden Reaktionen anzuordnen. Ohne eine solche Befragung und Deutung des göttlichen Willens konnte man keine wichtige staatliche Handlung durchführen. Da der Beamte selbst sich aber nur selten in den komplizierten Methoden religiöser Deutungen auskannte, bediente er sich spezialisierter Fachleute: Sogenannte Auguren errieten aus der Beobachtung des Vogelfluges den Willen der Götter, und *haruspices* erkannten aus der Form und der Lage der Eingeweide geopferter Tiere, ob die Götter einem staatlichen Plan wohlgesinnt waren oder ihn ablehnten. Schließlich entwickelte sich parallel zu den Experten der Zeichendeutung eine Reihe von Priesterschaften, welche die ordentlichen Kulthandlungen durchführten bzw. überwachten. Man nannte sie *pontifices*. Ihr Vorsteher, der *pontifex maximus*, hatte die Aufsicht über alle religiösen und sakralen Handlungen der Republik. Zusammen mit den übrigen Priestern sorgte er für das wichtigste Anliegen der Römer im Umgang mit ihren Göttern: Alles musste korrekt verlaufen und dem Willen der Götter entsprechen, dann war man vor Strafen sicher und des Erfolges staatlicher Handlungen gewiss.

Anders als die Magistrate wurden die Priester (zunächst) nicht gewählt, sondern sie ergänzten sich durch Ernennung ihnen geeignet erscheinender Persönlichkeiten auf Lebenszeit (Kooptation). Formal konnte so zwar jeder Bürger Priester werden – er brauchte dazu keine besondere Qualifikation oder Ausbildung –, doch in der Realität besetzten fast ausschließlich einflussreiche Adelsfamilien die Priesterämter. Vor allem in der späteren Phase der Republik schreckten sie nicht davor zurück, ihre Position zu politischen Zwecken einzusetzen. Wenn z.B. ein Beamter Volksversammlungsbeschlüsse verhindern wollte, dann behauptete er als Vorsitzender, das Pfeifen einer Maus gehört zu haben. Ein solches Geräusch galt als schlechtes Vorzeichen, und es wäre aus der Sicht der meisten Römer ein viel zu großes Risiko gewesen, dennoch abzustimmen oder wählen zu lassen. Also löste der Beamte die Volksversammlung auf und hatte sein Ziel erreicht.

Anfangs haben wohl nur wenige darin einen Missbrauch gesehen. Denn solange die Götter eine solche Handlung nicht bestraften, schien alles in Ordnung. Erst als sich in der Späten Republik die Fälle offensichtlicher Manipulation des Götterwillens häuften, regte sich Widerstand. Der Senat und mit ihm die gesamte Führungsschicht fürchteten, dass sich einzelne ehrgeizige Politiker mit Hilfe der Religion aus der Gemeinschaft der Adligen herausheben könnten und die Chancen der Standesgenossen ungebührlich verminderten. Man schrieb deshalb die Möglichkeiten magistratischer Zeichendeutung gesetzlich fest und versuchte sie so besser zu kontrollieren. Viel genutzt hat es nicht. Besonders der Posten des gewählten Oberpontifex wurde zu einem heißbegehrten Amt für einen Ehrgeizigen, weil er so lebenslang seine politische Karriere fördern und die seiner Gegner behindern konnte. Der letzte Oberpontifex der Republik war Julius Caesar.

Gefahren und Schwächen des Adelsregiments

Die Dominanz des Adels im Staat war also zugleich eine Stärke und eine Schwäche der Republik. Solange die Nobilität sich über die wesentlichen Ziele, zumal im Bereich der Außenpolitik, einig und der Zustimmung des Volkes sicher war, konnte sie, anders als die von Thronwirren geschüttelten Königreiche des Ostens, langfristig planen und auf ein breites Reservoir an Männern zurückgreifen, die sich für das Wohl des Staates einsetzten und auch Opfer zu bringen bereit waren. Allerdings war die Nobilität in ihrer Gesamtheit keineswegs vor inneren Zerreißproben gefeit. Immer wieder musste sie um ihre Geschlossenheit kämpfen. Dies lag daran, dass das Selbstverständnis der römischen Adelsgesellschaft von zwei sich eigentlich widersprechenden Prinzipien geprägt war: zum einen von dem Grundsatz der Gleichheit ihrer Mitglieder, zum anderen von dem Prinzip der Konkurrenz. Das Verhältnis zwischen beiden Prinzipien musste immer wieder austariert werden: Auf der einen Seite verpflichtete allein die Familienehre jeden *nobilis* dazu, mit größtem Einsatz um die höchsten Posten im

Staat zu kämpfen und im Krieg die rühmenswertesten Leistungen zu vollbringen. Andererseits musste die Gesamtheit der Nobilität unbedingt darauf achten, dass ein Einzelner nicht allzu sehr aus dem Kreis der Standesgenossen herausragte und die Konkurrenzkämpfe untereinander nicht die dominierende Stellung des Adels von innen heraus unterminierten. Auch deshalb begrenzte man die Möglichkeit, sich als Beamter zu bewähren, auf die Frist von nur einem Jahr. Ein besonderes Risiko bildeten natürlich die großen Kriege und die außeritalischen Statthalterschaften, weil sich hier der *nobilis* ohne Kollegen und im Vollbesitz der militärischen Gewalt (*imperium*) relativ leicht der Kontrolle des Senats entziehen konnte. Manche Forscher glauben, dass dies auch der Grund war, weshalb die Republik trotz ihrer großartigen militärischen Erfolge im 3. und 2. Jahrhundert v. Chr. so zögerlich direkte Herrschaftsgebiete (Provinzen) außerhalb Italiens einrichtete (s. S. 78–81). Die Außen- und Kriegspolitik gehorchte immer auch innenpolitischen Vorgaben und war von der Sorge der Nobilität geprägt, eine ausgewogene Balance zwischen Freiraum und Kontrolle ihrer Feldherrn und Beamten zu finden.

In der Späten Republik ging diese Balance zunehmend verloren, weil sich einzelne Politiker immer weniger um die Anweisungen des Senats scherten und sich ihre Operationsgebiete und Gegner selbst suchten. Hier liegt ein weiteres gewichtiges Problem der Adelsherrschaft. Was passierte eigentlich, wenn sich die *nobiles* und der Senat als Ganzes ihrer Stellung nicht mehr als würdig erwiesen und durch unvorhergesehene Ereignisse an Einfluss verloren? In einem solchen Fall gab es keine rechtlichen Mechanismen, um ehrgeizige Beamte zum Gehorsam zu zwingen. Diese Gefahr wuchs in dem Maße, in dem das Herrschaftsgebiet größer wurde und die Kriegsschauplätze immer weiter vom Zentrum entfernt waren. Der Senat hatte zwar offiziell die Aufsicht über die Außen- und Kriegspolitik, doch wenn ein Obermagistrat mit seinen Truppen im Feld stand und eigene Interessen verfolgte, konnte der Senat nur auf seine Autorität und die sozialen Bindekräfte der Nobilitätsfamilien hoffen.

4 Die Eroberung Italiens

Die Samnitenkriege

Ein wesentlicher Schmierstoff der mit Lücken und Unsicherheiten behafteten Verfassung war eine erfolgreiche Außen- und Kriegspolitik. Es ist sicherlich kein Zufall, dass die entscheidende Formierung der Verfassung durch die Neuregelung des Konsulats und die Entstehung der Nobilität dem Sieg über die Latiner (s. S. 26) nur um rund 20 Jahre vorausging. Kriege konnten innere Schwierigkeiten, wie den Mangel an Ackerflächen sowie die Verschuldung der Bauern, lindern, da man die Betroffenen mit Land und Beute versorgte. Zudem wirkte der Krieg solidarisierend. Nichts einte in der Antike so sehr wie der Rausch militärischer Erfolge. Schweißten die Abwehrkämpfe der Frühen Republik die Bürgerschaft und ihre Elite immer wieder zusammen, so war es das in den Erfolgen gegen die Etruskerstädte und die Latiner erfahrene Gefühl militärischer Überlegenheit, das die Republik zur Fortsetzung ihrer Expansion trieb. Sicherlich mag dabei das alte Sicherheitsbedürfnis einer von allen Seiten bedrohten Staatsordnung eine Rolle gespielt haben; es verband sich jedoch jetzt mit dem Willen zu weiteren Eroberungen. Diese entsprachen dem Selbstverständnis der Nobilität, und von ihnen glaubte jeder zu profitieren.

Die ersten großen Kämpfe konzentrierten sich auf die Bergstämme der Samniten. Sie hatten etwa gleichzeitig mit

Italien zur Zeit der Samnitenkriege

der Etablierung der Republik einen bedeutenden Machtaufschwung auf dem Apennin erlebt. Die wenigen archäologischen Hinterlassenschaften bezeugen eine kaum urbanisierte Kultur von Hirtenstämmen, die sich gegen Räuber verteidigten und nach besseren Weideplätzen Ausschau hielten. Bessere Lebensbedingungen eröffneten sich ihnen an der Küste des Tyrrhenischen Meeres und besonders im fruchtbaren Kampanien, wo auch die Griechen Kolonien gegründet hatten. Eine günstige Gelegenheit zum Vorstoß in diese Gebiete bot sich, als Rom in den Krieg mit den Latinern verwickelt war. Im Schatten dieser Kämpfe gelang es samnitischen Verbänden, bis vor die Tore Neapels zu ziehen. Die bedrängten Griechenstädte wandten sich daraufhin um Hilfe an Rom, und die Republik sagte zu.

Das Eingreifen Roms in Kampanien bedeutete für die Samniten eine neue Konstellation. Um ihr zu begegnen, bildeten die Stämme einen festen Bund, dessen Gebiet von Kampanien über den Apennin bis fast an die Adria reichte. An der Spitze stand ein Magistrat, der von einer Bundesversammlung gewählt wurde, das gemeinsame Heer führte sowie als oberster Gerichtsherr fungierte. Man kann diesen Zusammenschluss als eine Reaktion auf die Aggression der Römischen Republik sehen, denn fast alle Kämpfe der Folgezeit spielten sich außerhalb Latiums oder an dessen Grenzen ab. Niemals ist es dagegen einer samnitischen Armee gelungen, nach Latium oder gar an den Tiber vorzustoßen. Offensichtlich war Rom entschlossen, das im Latinerkrieg errungene Gebiet nicht nur zu sichern, sondern auch auszuweiten, allerdings – wie sich schnell zeigen sollte – zu einem hohen Preis. Hatte man bisher in Mittelitalien auf vertrautem Terrain und gegen Gegner mit urbaner Lebensweise gekämpft, so musste man sich nun einem Feind stellen, der in den Apenninhöhen auch andere Kriegsformen bevorzugte. Die starre Phalanx mit ihrer langen Lanze erwies sich den beweglichen Kampfgruppen der Samniten mit ihren kurzen Wurflanzen (*pila*) häufig als unterlegen. Die ersten großen Kämpfe endeten denn auch in einer militärischen Katastrophe, als die Römer 321 v. Chr. im Gebiet der Caudiner in einen Hinterhalt gerieten und kapitulieren mussten. Die Samniten zwangen die Legionäre, halbnackt durch ein niedrig gehängtes Joch, das zum Einspannen von Zugvieh benutzt wurde, zu kriechen. Die Demütigung blieb in der Erinnerung der Römer als das »Caudinische Joch« haften.

So eindeutig die Niederlage aber auch war, die Sieger wussten wie viele frühere und spätere Gegner Roms ihren Erfolg nicht zu nutzen. Immerhin konnten die Römer abziehen, ihre Wehrkraft blieb intakt. Außerdem zogen sie die richtigen Lehren aus der Niederlage: zunächst politisch, indem sie mit den apulischen Stämmen an der Adria Bündnisse schlossen und eine zweite Front gegen die Samniten errichteten; dann strategisch-militärtechnisch, indem sie an der Grenze zwischen Kampanien und Samnium Festungskolonien errichteten. Sie boten den Legionären sichere Rückzugsgebiete und bildeten Vorposten, die von den im Belagerungskrieg ungeübten samnitischen Bergstämmen nicht eingenommen werden konnten. Und schließlich veränderten die Römer auch ihre taktischen Formationen, indem sie die Bewaffnung der Samniten (Schwert und *pilum*) übernahmen und die Phalanx in kleinere Einheiten (Manipel) unterteilten, die nach dem Ausfall der Front auch einzeln kämpfen konnten.

Der Erfolg ließ nicht lange auf sich warten. 304 stimmte der erschöpfte Gegner einem Friedensschluss zu; dieser verschaffte auch den Römern eine Atempause. Doch schon 298 brachen die Kämpfe erneut aus und weiteten sich auf eine große Zahl von Stämmen aus. Auf dem Höhepunkt der Kämpfe hatte die Republik gleichzeitig mit den Kelten und Etruskern im Norden, den Samniten im Osten und den Lukanern im Südwesten zu kämpfen – ein italischer ›Weltkrieg‹. Lange wogten die Kämpfe hin und her, bis schließlich die Republik um 280 alle Gegner niedergerungen hatte. Der Erfolg hatte welthistorische Bedeutung, er eröffnete den Römern den Weg nach Süditalien und an die Straße von Messina.

Gründe für Roms Erfolg – ein mehrstufiges Hegemonialsystem und Kooperation mit den Eliten

Warum aber konnten sich die Römer trotz aller Rückschläge durchsetzen? Zum einen versäumten es die über Italien verstreuten Gegner, ihre Aktionen langfristig zu koordinieren. Demgegenüber war die Kriegspolitik Roms von einem weiträumigen Denken und einer vorausschauenden Außenpolitik geprägt. Anstatt den Besiegten die eigene Regierungsform aufzuerlegen oder deren Eliten durch Beschneidung ihrer Zuständigkeiten und Besatzungen zu demütigen, stärkte die Nobilität deren Stellung, setzte auf die solidarisierende Kooperation aristokratischer Familien und versuchte sie behutsam in die Lebensweise der *nobiles* zu integrieren. Die Republik legte so die Grundlagen eines aristokratischen Imperiums, das auf den kosten- und personalintensiven Aufbau eines Herrschaftsapparates verzichten konnte. Während andere ihre militärischen Siege kurzfristig damit auskosteten, dass sie die feindlichen Gebiete zerstörten, mit Besatzungen und schweren Tributen belegten, stellten die von Rom bezwungenen Gegner nach der Begleichung der Kriegskosten dauerhaft nur ihre Wehrkraft zur Verfügung. Diese hätten sie aber ohnehin und auch ohne vorherige Kriegshandlungen finanzieren müssen. Auf diese Weise fand eine materiell kaum spürbare Verlagerung des militärischen Potentials in die Zuständigkeit Roms statt. Sie verschaffte den Römern nicht nur Zugriff auf die materiellen Ressourcen Italiens, sondern auch auf ein gewaltiges Wehrpotential, das der Republik viel längere und verlustreichere Kriege zu führen erlaubte als allen ihren Konkurrenten. Natürlich konnten auch die Römer nicht auf Festungen und Besatzungen verzichten, doch wurden diese nach strategischen Gesichtspunkten dort angelegt, wo eine zusätzliche militärische Sicherung nach den Erfahrungen der Kriege unumgänglich war.

In dieses Sicherheitsdenken ordnete sich auch die Vertragspolitik ein. Sie reagierte flexibel auf die während der Kampfhandlungen gezeigte politische Haltung der Gegner. Es bildete sich ein mehrstufiges Hegemonialsystem heraus, das sich von der Stadt Rom über fast ganz Italien zog. Den Kern bildeten die Römer (*cives Romani*) selbst und das von ihnen bewohnte Bürgergebiet (*ager Romanus*). Es lag vornehmlich in Mittelitalien, umfasste das alte Latium, Kampanien und ein Gebiet von Rom durch das Sabinerland bis zur Adria. Integraler Bestandteil dieses Bürgergebietes waren kleinere Landstädte, die vormals unabhängig waren, aber im Zuge der Kriege Roms annektiert wurden. Sie genossen lokale Selbstverwaltung besonders im Bereich der Zivilrechtspflege, hatten aber ansonsten keine politischen Rechte und mussten in den Legionen dienen. Diese ehemals fremden Landstädte nannte man später *municipia*. Schließlich lagen im römischen Bürgergebiet Städte, die von den Römern selbst (meist an der Küste) neu gegründet waren und deshalb den Namen *coloniae* besaßen. Weil ihre Bewohner römische Bürger waren, hießen sie *coloniae civium Romanorum*.

Neben dem römischen Bürgergebiet standen die Latiner (*nomen Latinum*). Es waren außer den latinischen Städten, die nach 338 im Gebiet des alten Latinerbundes ihre Selbständigkeit bewahren konnten, in erster Linie die rund 28 Festungen, die Rom im Zuge seiner Kriege meist in Feindesland errichtet hatte. Die Bewohner dieser Festungen erhielten anstelle ihres alten römischen nun ein latinisches Bürgerrecht. Damit wollte man zum Ausdruck bringen, dass es sich formal um die gleiche Kategorie von Kolonien handelte, welche die Römer früher gemeinsam mit den Latinern gegründet hatten. Das Verhältnis zur Festungsstadt war durch einen Vertrag geregelt, der den Kolonisten u. a. Handels- und Heiratsrecht gewährte sowie das Stimmrecht zusagte, wenn man in Rom anwesend war. Einerseits wollten die Römer mit dieser ungewöhnlichen Konstruktion ihren Festungen die Möglichkeit verschaffen, mit eigenen Behörden schnelle Entscheidungen zu treffen; damit näherten sich die Kolonien dem Status unabhängiger Städte an. Andererseits verbot das Selbstverständnis des römischen Stadtstaates völlig unabhängige Städte mit römischen Bürgern neben sich. So fand man einen in der Antike wohl einmaligen Kompromiss: Der Vertrag mit den Kolonien betonte die unabhängige Stadtstruktur, das mindere latinische Bürgerrecht verhinderte zugleich, dass die Bewohner dieser Städte ein von Rom unabhängiges Identitätsgefühl auf der Basis eines eigenen städtischen Bürgerrechts gewannen.

Die dritte Kategorie bildeten schließlich diejenigen nichtlatinischen Städte und Stämme Italiens, mit denen Rom Verträge abgeschlossen hatte. Sie wurden als Bundesgenossen (*socii*) bezeichnet. Unter ihnen gab es eine Gruppe, die besonders erbitterte Feinde Roms waren und deshalb als Teil des Vertrages die Suprematie Roms, die *maiestas populi Romani*, ausdrücklich anerkennen mussten.

Die beschriebene Ordnung scheint im nachhinein wie am Reißbrett konstruiert. Die moderne Bezeichnung »Bundesgenossensystem« leistet dieser Vorstellung Vorschub. Von einer systematischen Planung kann jedoch allenfalls im Falle der (latinischen) Kolonien die Rede sein. Die meisten Verbindungen zu den Besiegten waren das Ergebnis einer langen und keineswegs linearen Entwicklung. Die Römer entschieden von Fall zu Fall, wie man das Verhältnis zum ehemaligen Gegner respektive Partner gestalten wollte. Vielfach wurde experimentiert und zu Übergangslösungen gegriffen, bis sich die günstigste Form herauskristallisierte. Gerade weil die Bandbreite der Beziehungen recht groß und flexibel auszutarieren war, war es für die Bundesgenossen schwer, als vereinter Block gegen die Hegemonialmacht aufzutreten. Ihre Feuerprobe musste diese Form der Herrschaft freilich noch bestehen, als es Rom im Jahr 281 erstmals mit einem Gegner zu tun bekam, der von außen in die römische Hegemonie einbrach und noch einmal alles, was die Römer in den Samnitenkriegen gewonnen hatten, in Frage stellte.

Die erste Bewährungsprobe der römischen Herrschaft: Die Invasion des Pyrrhos von Epirus

Vorausgegangen war ein vertragswidriges Eindringen römischer Kriegsschiffe in den Hafen von Tarent, einer der letzten unabhängigen Griechenstädte der Halbinsel. Halbherzig vorgetragene Beschwichtigungsversuche scheiterten, und so griffen die Tarentiner zu einem in der Geschichte der griechischen Kolonien häufig angewandten Mittel. Man engagierte gegen Geld und politische Versprechungen einen Heerführer vom griechischen Festland und hoffte, sich mit dessen Hilfe des wachsenden römischen Druckes zu erwehren. Die Wahl fiel auf König Pyrrhos von Epirus (westliches griechisches Festland), einen der ehrgeizigsten Feldherren der Zeit. Er hatte sich in Griechenland als Meister der hellenistischen Kriegskunst bewährt und hoffte sich nun im Westen – dem Vorbild Alexanders (d. Gr.) nacheifernd – ein eigenes Reich zu erobern.

Der König bestätigte den Ruf, der ihm vorauseilte. Mit einer professionellen Armee, 20 gut trainierten Kriegselefanten sowie süditalischen Hilfstruppen schlug er bei Herakleia am Tarentinischen Golf acht Legionen. Pyrrhos glaubte nach dem

Sieg an ein schnelles Ende des Krieges, weil er Rom an den Maßstäben griechischer Städte maß, die nach Niederlagen schnell zu Vereinbarungen bereit waren. Das war jedoch eine krasse Fehleinschätzung: Rom konnte weitaus mehr Soldaten unter Waffen halten als jede griechische Stadt. Deshalb ließ man sich auch nicht beeindrucken, als Pyrrhos bis vor die Tore der Hauptstadt zog. Da ihm Belagerungsmaschinen fehlten und die Hafenstädte Kampaniens und die Kolonien nicht erobert werden konnten, zog er unverrichteter Dinge ab.

Im folgenden Jahr forderte der König nur noch die Unabhängigkeit seiner Verbündeten und die Rückgabe der von Rom eroberten Territorien. Der Senat lehnte jedoch auf Initiative des betagten Senators Appius Claudius ab und erklärte, ein Friede sei erst möglich, wenn Pyrrhos sich aus Italien zurückziehe. Wenn diese Forderung historisch ist, so formulierte sie zum ersten Mal den Anspruch Roms auf die alleinige Vorherrschaft auf der Halbinsel. Die Botschaft war eindeutig, und so kam es erneut zur Schlacht, die Pyrrhos wiederum – allerdings unter hohen eigenen Verlusten – für sich entschied. Danach oder bereits früher soll er den Ausspruch getan haben: »Noch so ein Sieg, und wir sind geschlagen«. Hierauf beruht unsere sprichwörtliche Vorstellung des »Pyrrhossieges«. Tatsächlich verschlechterte sich die Situation des Epiroten von Tag zu Tag. Die Römer zogen sich in ihre Festungskolonien zurück und erhielten schließlich sogar ein Hilfsangebot der Karthager in Aussicht gestellt für den Fall, dass sie den Krieg fortsetzen würden. Karthago fürchtete, dass der Epirotenkönig nach einem Sieg über Rom nach Sizilien übersetzen und die karthagische Hegemonie genauso bedrohen könnte wie die römische in Italien. Doch ganz ging die Rechnung nicht auf. Rom nahm zwar das Bündnisangebot an, aber anstatt dadurch Pyrrhos von einem Eingreifen in Sizilien abzuhalten, bewirkte es das Gegenteil. Pyrrhos nahm die Kunde von einer römisch-karthagischen Annäherung erst recht zum Anlass, nun auf Sizilien das zu verwirklichen, was ihm in Italien verwehrt schien. 278 setzte er mit seinen kampferprobten Truppen nach Syrakus über und konnte als Oberfeldherr aller Griechen die Karthager bis auf die Festung Lilybaeum im Westen Siziliens zurückdrängen. Doch seine strenge Herrschaft in den »befreiten« Städten ließ die Griechen seiner bald überdrüssig werden. Konkurrenzkämpfe taten ein übriges, so dass Pyrrhos 276 nach Italien zurückkehrte. Da er auch hier keine endgültige Entscheidung zu seinen Gunsten erzwingen konnte, setzte er schließlich noch vor Ablauf des Jahres 275 mit dem Kern seiner unbesiegten Truppen über die Straße von Otranto nach Epirus über. Drei Jahre später starb er im Straßenkampf in Argos.

Das Ergebnis des Krieges und die Position Roms in Süditalien

Die Kriege gegen Pyrrhos sind historisch so bedeutsam, weil sie erstmals auch der griechischen Welt im Osten demonstrierten, dass im Westen eine Macht auf den Plan getreten war, der selbst mit dem modernsten Heer der Zeit nicht beizukommen und die von ihrem Suprematieanspruch über Italien nicht abzubringen war. Selbst der glanzvolle Hof des fernen Ptolemäerkönigs in Alexandria ließ es sich nicht nehmen, eine Gesandtschaft nach Rom zu schicken. Für Rom war in erster Linie die Erkenntnis beruhigend, dass die Festungskolonien intakt und das Verhältnis zu den Bundesgenossen trotz militärischer Misserfolge stabil blieb. Nach Kriegsende wurde das Gebiet des Samnitischen Bundes durch einseitige Verträge an Rom gebunden oder annektiert und mit Festungen gesichert. 272 gab auch Tarent auf und stimmte einem Bündnisvertrag mit Rom zu. 270 eroberten die Römer die strategisch so bedeutsame Hafenstadt Rhegion an der Meerenge gegenüber Sizilien. Die *Via Latina* von Tarent nach Brundisium schloss das neue Gebiet auch verkehrstechnisch an das römische Zentrum in Mittelitalien an. Damit war der Schlussstein des italischen Herrschaftsbaus gesetzt. Erstmals wurde Italien von der südlichen Poebene bis an die Südspitze von einer Stadt kontrolliert.

5 Die Erringung der Vorherrschaft im westlichen Mittelmeerraum

Der Weg in den ersten Krieg mit Karthago

Während der Kriege gegen Pyrrhos waren die Beziehungen Roms zu Karthago ausgesprochen gut. Dennoch kam es nur sechs Jahre nach Ende des Pyrrhoskrieges zwischen beiden Mächten zu einer schweren militärischen Auseinandersetzung im westlichen Mittelmeerraum. Der Konflikt entzündete sich an der strategisch und wirtschaftlich wichtigen Meerenge von Messana (heute Messina, auf Sizilien gegenüber Reggio di Calabria gelegen), durch die ein Großteil des Überseehandels aus dem Osten des Mittelmeeres in den Westen verlief. Noch in den achtziger Jahren des 3. Jahrhunderts hatten ehemalige Söldner aus Kampanien die Herrschaft in den beiden die Meerenge flankierenden Städten Messana (Sizilien) und Rhegion (Unteritalien) übernommen, im Falle Rhegions sogar mit Billigung Roms, angeblich zum Schutz des Landes gegen Übergriffe von Sizilien aus. Nach der Kapitulation Tarents übernahm Rom selbst das Kommando und ließ die Söldner in Rhegion hinrichten, während auf der gegenüberliegenden Seite der syrakusanische Herrscher Hieron (II.) die Söldner von Messana belagerte. Diese riefen daraufhin zunächst die Karthager und, nachdem diese sich allzu herrisch aufführten, die Römer um Beistand.

Rom geriet damit in ein Dilemma: Konnte man den Söldnern in Messana helfen, wo man doch nur wenige Jahre zuvor die stammverwandten Kampaner in Rhegion hingerichtet hatte? Andererseits durfte man als neue Schutzmacht Italiens die Lage an der gegenüberliegenden Seite Siziliens nicht einfach ignorieren und den Karthagern das Feld überlassen. Angeblich soll der Senat die schwierige Entscheidung der Volksversammlung überlassen haben, die schließlich wegen der zu erwartenden Beute im reichen Sizilien für das Bündnis mit den Mamertinern (den italischen Söldnern in Messana) votierte. Doch allzu offensichtlich versuchte die romfreundliche Überlieferung mit dieser Version die Nobilität von dem Vorwurf des Kriegstreibers zu entlasten (Quelle 4). Denn berücksichtigt man die Funktionsregeln der republikanischen Politik (s. S. 46–48), so ist es sehr viel wahrscheinlicher, dass die Entscheidung für ein Eingreifen bereits längst in den Kreisen der führenden Adelsfamilien gefällt worden war und besonders die auf Ruhm erpichten Konsuln zum Losschlagen drängten (Quelle 6). Damit begann der erste Krieg gegen Karthago.

Für Rom bedeutete er den ersten Schritt über die italische Halbinsel hinaus. Schon die antiken Zeitgenossen haben sich deshalb gefragt, wer eigentlich für den Ausbruch des Krieges verantwortlich war. Wägt man die von dem griechischen Historiker Polybios bewahrten Erklärungen beider Seiten gegeneinander ab, so wird man wohl eine größere Kriegsbereitschaft aufseiten der Römer konstatieren müssen. Sicherlich wollten die Karthager die günstige Gelegenheit nutzen, um ihren Einfluss nach Messana auszudehnen, aber das stand ihnen nach Auffassung der mit Rom geschlossenen Verträge durchaus zu, zumal die Römer laut der von ihnen selbst formulierten Doktrin nur die Vorherrschaft über Italien beanspruchten (s. S. 61). Vermutlich waren die Karthager denn auch vollkommen überrascht, als eine römische Expeditionsarmee in Messana landete. Ganz anders die Römer. Nur schwer gelingt es Polybios, die wahren Motive der Römer, nämlich Beutegier und den Drang zur Erweiterung ihres Einflussgebietes, zu verbergen. Ganz bewusst und unter Inkaufnahme von Feindseligkeiten haben sie (wie seinerzeit gegenüber Tarent) in einen Bereich eingegriffen, der ihnen vertraglich verwehrt war, und sie haben alle Vermittlungsangebote der Karthager *nach* dem Vertragsbruch kühl zurückgewiesen. Offensichtlich hat Rom demnach den Konflikt in Kauf genommen, und zwar aus innen- *und* außenpolitischen Gründen: Das Selbstbewusstsein der Nobilität war nach dem Abzug des Pyrrhos enorm gestiegen, ein Verzicht auf die Reichtümer Siziliens schien schwer zu vertreten. Hinzu kam ein machtpolitisches Motiv. Die griechischen Städte waren der Gefahr von Invasionsversuchen fremder Mächte auch aus Sizilien schon immer ausgesetzt gewesen. Jetzt, wo sie in Rom eine Schutzmacht sahen, konnten es sich die Römer ihrerseits kaum leisten, einer Entwicklung im Westteil Siziliens tatenlos zuzusehen, die möglicherweise auch für Süditalien gefährlich werden konnte. Wie häufig in der römischen Geschichte vermischte sich auch hier offizielle außenpolitische Verantwortung mit handfesten strategischen und materiellen Motiven sowie dem Drang der Nobilität, durch herausragende Leistungen im Krieg ihre Stellung in der *res publica* zu zementieren.

Dagegen hat die spätere Überlieferung alles getan, um das Eingreifen Roms als unvorbereiteten Schritt darzustellen. Einen Angelpunkt dieser Bemühungen bildete die Legende von den römischen Landratten, die nicht in der Lage gewesen seien, es mit der stärksten Seemacht des westlichen Mittelmeerraums aufzunehmen. Tatsächlich beweisen aber die früheren Karthagerverträge sowie die Präsenz römischer Kriegsschiffe im Hafen von Messana (s. S. 60), dass die Römer auf dem Meer keineswegs so unbedarft waren, wie sie später von sich behaupteten. Mit Hilfe ihrer unteritalischen Bundesgenossen und der Syrakusaner gelang es ihnen in kurzer Zeit, eine den

Karthagern mindestens ebenbürtige Kriegsflotte auf Kiel zu legen. Anfangs experimentierte man mit den modernsten Techniken hellenistischer Entertaktik, wie z. B. Enterbrücken, später jedoch passte man sich dem Gegner an, so dass man die meisten Seegefechte für sich entscheiden konnte. Dagegen gelang es den Römern nicht, die karthagischen Festungen im Westteil der Insel einzunehmen.

Entschieden wurde der Krieg nach 20 Jahren dank der überlegenen materiellen Ressourcen sowie des größeren Rekrutierungsreservoirs Italiens. Das italische Bundesgenossensystem hatte einen solchen Grad der Festigkeit und Zustimmung erreicht, dass die Republik sich einen aufwendigen Seekrieg leisten konnte. Demgegenüber setzten sich die Flotten und Armeen der Karthager zum großen Teil aus Söldnern zusammen, die viel Geld kosteten. Verluste zur See hatten für sie viel gravierendere Konsequenzen als für die Römer, die sich auch mit Hilfe von Darlehen der *nobiles* immer neue Schiffe leisten konnten. Den Karthagern fehlten solche Mittel, und so stimmten sie im Jahr 241 einem Friedensvertrag zu, der die Räumung Siziliens sowie eine hohe Kontributionszahlung vorsah. Zum ersten Mal herrschte mit Rom eine einzige Macht über ganz Sizilien und damit über ein Gebiet, das zu den reichsten und strategisch wichtigsten des Mittelmeeres gehörte.

Das Ausgreifen Roms im westlichen Mittelmeerraum und die Barkiden in Spanien

Erweitert wurde der Erfolg im Jahr 237, als es in Karthago zu einem Aufstand der aus Sizilien zurückkehrenden Söldner kam. Die Römer nutzten die Situation und besetzten kurzerhand Sardinien und Korsika. Sizilien selbst wurde zehn Jahre später als erstes außeritalisches Herrschaftsgebiet (Provinz) eingerichtet. Dass sich die Römer mit dem Erreichten nicht zufriedengaben und sich längst von ihrer italozentrischen Herrschaftsperspektive gelöst hatten, zeigen das in der Folgezeit geschlossene Bündnis mit Massilia (Marseille) und die Freundschaft mit der Stadt Sagunt im fernen Spanien. Selbst in der Adria wurde man aktiv und sicherte sich eine Landbasis in Illyrien (westlicher Balkan). Schritt für Schritt schien so das gesamte westliche Mittelmeer von den Küsten und Inseln aus unter römische Kontrolle zu geraten. Polybios hatte wohl nicht unrecht, als er bilanzierte, dass die Römer »nicht nur kühn nach der Vormachtstellung und der Herrschaft über die Welt griffen, sondern dieses Ziel auch erreicht haben« (1,63).

Die Karthager nahmen derzeit als Kompensation für die Verluste ein Gebiet ins Visier, das schon immer in den erweiterten Radius karthagischer bzw. phönizischer Interessen gehört hatte, nämlich Spanien. Besonders im südlichen Teil der Halbinsel gab es reiche Silbervorkommen, die den arg gebeutelten karthagischen Staatsschatz wieder füllen und die Bezahlung der Söldnerarmee sicherstellen konnten. Im gleichen Jahr, als die Römer Sardinien und Korsika besetzten (237), segelte eine Expeditionsarmee unter dem Feldherrn Hamilkar Barkas nach Spanien. Sein neunjähriger Sohn Hannibal begleitete ihn. Hamilkar dehnte die karthagische Küstenbasis in Südostspanien ins Landesinnere aus. Nach seinem Tod fasste sein Schwiegersohn Hasdrubal die Eroberungen zu einem großen Herrschaftsgebiet zusammen und gab der neuen Hauptstadt den programmatischen Namen Karthago; die Römer nannten sie später Carthago Nova (heute Carthagena an der Costa Calda).

Rom blieben die Erfolge der Barkiden nicht verborgen. Im Jahr 226 einigte man sich mit Hasdrubal auf den Fluss Ebro (in Nordspanien) als Demarkationsline, die beide Seiten militärisch nicht überschreiten durften (sogenannter »Ebro-Vertrag«). Erfahrungsgemäß hatten solche Abkommen eher symbolische Bedeutung, wie schon das Übergreifen Roms nach

Sizilien zeigte. Diesmal scheint jedoch Karthago den aggressiven Part gespielt zu haben. 218 überschritt der nach dem Tod Hasdrubals zum Oberbefehlshaber ernannte Hannibal den Ebro, um die Völker der Pyrenäen der barkidischen Herrschaft einzugliedern.

Rom schickte darauf eine Beschwerdegesandtschaft nach Karthago, doch die karthagische Regierung fühlte sich nicht verantwortlich, da sie den Ebro-Vertrag nicht ratifiziert hatte. Die römische Gesandtschaft fand kein Gegenargument und verwies stattdessen darauf, dass Hannibal im Frühjahr 219 Sagunt (nördlich des heutigen Valencia) *innerhalb* der karthagischen Einflusssphäre zu belagern begonnen und im Spätherbst 219 eingenommen hatte. Die Römer behaupteten, Sagunt sei ihr Bundesgenosse und sie müssten dementsprechend in den Krieg ziehen. Sie wiesen auf einen Zusatzpassus des Friedensvertrages von 241 hin, in dem die beiderseitigen Bundesgenossen aufgeführt und somit vor einem Angriff der Gegenseite geschützt seien. Tatsächlich tauchte der Name Sagunt gar nicht in dieser Liste der Bundesgenossen auf. Dementsprechend bestritten die Karthager, dass Sagunt ein Bundesgenosse Roms sei. Auch in diesem Falle besaßen sie also die bessere Rechtsposition: Wahrscheinlich wurde ein formelles Vertragsverhältnis mit Sagunt von den Römern lediglich konstruiert. Denn auffällig ist das passive Verhalten der Römer während der Belagerung: Anstatt sofort nach deren Beginn zu protestieren oder ihrem angeblichen Bundesgenossen zu Hilfe zu kommen, sahen sie acht Monate lang tatenlos zu, bis Hannibal die Stadt erobert hatte. Augenscheinlich haben die Römer im Jahr 218 Karthago den Krieg nicht wegen eines Vertragsbruchs erklärt, sondern weil ihnen die Erfolge Hannibals in Spanien zu gefährlich wurden, vielleicht aber auch, weil sie selbst den strategischen und materiellen Wert Spaniens begriffen.

Der Hannibalkrieg

Die Römer planten mit Beginn des Krieges, eine Flotte von Sizilien direkt nach Karthago und eine zweite Armee über den Seeweg nach Massilia vorstoßen zu lassen, um Hannibal zu attackieren. Der Kriegsplan wurde jedoch zur Makulatur, als Hannibal noch vor dem Eintreffen der römischen Verbände zunächst nach Südfrankreich marschierte, im Herbst des Jahres 218 mit 60 000 Mann und 37 Kriegselefanten die Alpen überschritt und im Oktober in Oberitalien stand. Mit einem Schlag waren die Römer vom Angreifer zum Angegriffenen geworden. Sämtliche Schlachten gingen verloren, bei Cannae wurde das letzte römische Heer von rund 80 000 Mann fast vollständig vernichtet. Doch anstatt direkt auf Rom zu marschieren, wandte sich Hannibal nach Süden und versuchte die römischen Bundesgenossen auf seine Seite zu bringen. Das gelang ihm jedoch nur im Falle Capuas und Tarents. Rom bekam eine Atempause. Fortan vermied der Senat jede Feldschlacht. Stattdessen versuchte der zum Dictator ernannte Quintus Fabius Maximus den Gegner durch Nadelstiche zu zermürben und ihn systematisch von der Versorgung abzuschneiden, was ihm von seinen innenpolitischen Gegnern den Spottnamen »Cunctator«, der »Zauderer«, einbrachte. Allen Unkenrufen zum Trotz erwies sich die Strategie als richtig. Die Mehrzahl der Bundesgenossen hielt stand. Da ferner die Römer das Meer beherrschten, konnten sie die Verbindungen Hannibals nach Nordafrika und Spanien behindern und selbst in den Randgebieten aktiv werden. 212 eroberte Marcus Claudius Marcellus Syrakus zurück, in Spanien stürmte der junge Feldherr Publius Cornelius Scipio Carthago Nova. Ein in Italien erscheinendes karthagisches Entsatzheer wurde geschlagen. 204 setzte der aus Spanien zurückbeorderte Scipio von Sizilien aus nach Karthago über. Hannibal musste seiner Heimatstadt zu Hilfe kom-

Der Hannibalkrieg: das erste Kriegsjahr 218 v. Chr.

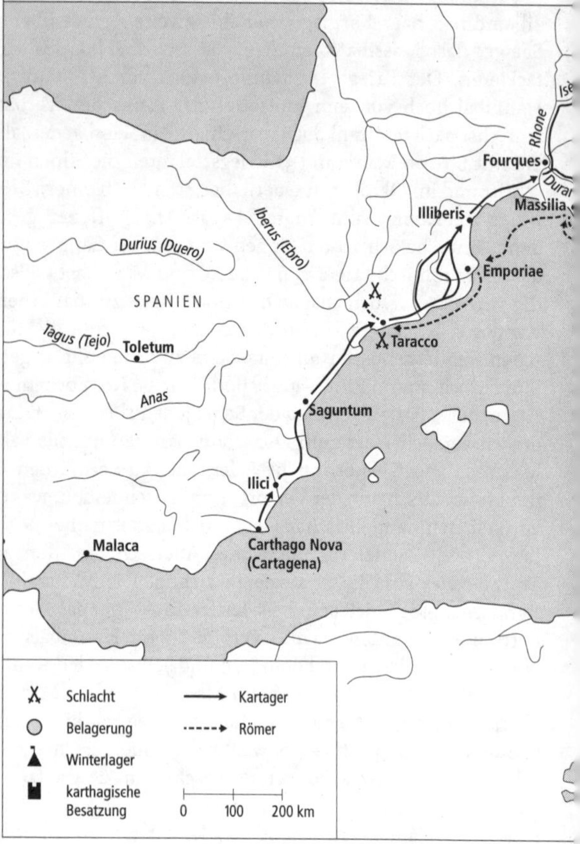

St. Bernhard
Genèvre
Taurasia
Placentia
Genua
Pisae
Ariminum
Arretium
Spoletium
Hadria
KORSIKA
Roma
Ostia
Capua
Neapolis
Barium
Brundisium
Tarentum
Thurii
Croton
SARDINIEN
Carales
Vulcano
Locri
Lipara
Rhegium
Messana
Lilybaeum
SIZILIEN
Syracusae
Carthago
Meninx
Hadrumetum
Melita
Thapsus

men. Unweit der karthagischen Metropole, bei Zama, verloren im Jahr 202 seine durch die langen Feldzüge erschöpften Truppen die letzte Schlacht.

Erneut blieb die Republik ihren Prinzipien treu. Der Friedensvertrag ließ Karthago unangetastet und autonom, doch verlor die Stadt sämtliche außerafrikanischen Besitzungen; ferner musste sie eine gewaltige Kriegskontribution von 10 000 Talenten Silber in 50 Jahresraten zahlen. Militärische Operationen außerhalb Afrikas waren den Karthagern verboten. In unmittelbarer Nachbarschaft – westlich von Karthago – entstand ein von Rom protegiertes Reich unter dem Numiderkönig Massinissa, das wie ein Wachhund jede Bewegung Karthagos an der afrikanischen Küste nach Rom meldete. Karthago war nicht zerstört, aber auf den Rang einer Regionalmacht zurückgestutzt worden. Rom war zur westmediterranen Supermacht aufgestiegen.

6 Das Ausgreifen in den Osten und der Aufschwung von Handel und Wirtschaft

Die Folgen des Hannibalkrieges

Der Verlauf des Hannibalkrieges erschütterte jahrhundertelang eingespielte Machtverhältnisse im westlichen Mittelmeer und bedeutete auch für andere bedeutende Gemeinwesen den Beginn einer neuen Zeit. Ein epochales Ereignis war die Eroberung von Syrakus im Jahr 212. Nach der Eroberung plünderten die Legionäre die Kulturstadt nach Strich und Faden; die antike Welt bekam einen Vorgeschmack von dem, was römischer Imperialismus in den folgenden Jahrhunderten bedeutete. Ein Strom von kostbaren Kunstwerken ergoss sich in die Villen der *nobiles*, und auch die Sklavenhändler machten beim Verkauf der Kriegsgefangenen das Geschäft ihres Lebens. Nicht viel besser erging es Tarent, das ebenfalls nach ausgiebiger Plünderung seine Stellung als wichtigste Handels- und Hafenmetropole an die rund 80 Jahre vorher gegründete römische Kolonie Brundisium verlor.

Anders gestaltete sich die Situation in Norditalien. Hier musste Rom nach Kriegsende erbitterte Kämpfe gegen die Ligurer und keltische Stämme führen. Auch in Spanien konnte nach dem Ende der Barkiden von einer Befriedung des Landes im römischen Sinne keine Rede sein. Einheimische Stämme nutzten die Kriegswirren, um ihre Unabhängigkeit zu verteidigen. Rom teilte daraufhin das ehemals barkidische Spanien in zwei direkte Kommandobereiche konsularischer Kommandeure (*provinciae*) auf, nämlich *Hispania Ulterior* (das jenseitige Spanien) und *Hispania Citerior* (das diesseitige Spanien) und musste den Widerstand in den nächsten 50 Jahren in einem äußerst verlustreichen ›Kolonialkrieg‹ niederkämpfen.

Der Sieg über Hannibal hielt also zahllose neue militärische und außenpolitische Herausforderungen bereit. Umso erstaunlicher ist es, dass Rom nur ein Jahr nach Kriegsende erneut seine Legionen gen Osten, gegen das Makedonenreich, führte, eine der großen hellenistischen Mächte der Zeit (s. »Kontroversen« 1). Der Makedonenkönig Philipp hatte kurz nach Cannae mit Hannibal ein Bündnis geschlossen, aber nicht aktiv in das Kriegsgeschehen eingegriffen. Im Jahr 205 schloss er einen Separatfrieden mit Rom und widmete sich daraufhin der Erweiterung der makedonischen Macht gen Osten. Zugute kam ihm dabei eine fundamentale Störung des machtpolitischen Systems im östlichen Mittelmeerraum: In Alexandria, der Hauptstadt des Ptolemäerreiches, war 205/204 ein unmündiges Kind (Ptolemaios V. Epiphanes) auf den Thron gekommen. Schon vorher hatten die Ptolemäer ihre wichtigsten

Außenbesitzungen in der Ägäis aufgeben müssen. Nun suchten die Makedonen und Seleukiden auch den Rest der Gebiete außerhalb des Nillandes unter sich aufzuteilen und grenzten 203/202 in Form von Geheimabsprachen ihre Interessensphären ab. Philipp strebte nach Kleinasien und besetzte die Meerengen am Bosporus.

Betroffen waren von dieser Entwicklung zunächst viele griechische Städte (unter ihnen Athen) und besonders die für den Zwischenhandel mit Getreide so wichtige Inselrepublik Rhodos, die sich mit Hilfsgesandtschaften an Rom wandten. Da die Republik nach dem Hannibalkrieg große Truppenverbände mit Getreide versorgen musste, konnte sie diese Entwicklung nicht ignorieren. Die Ernährung der wohl bis auf 300 000 Seelen angewachsenen hauptstädtischen Bevölkerung erforderte an die 800 Schiffsladungen Getreide pro Jahr. Lieferungen von den tyrrhenischen Inseln reichten für beide Aufgaben kaum noch aus. Vorausschauende Politiker blickten deshalb nach Osten, immerhin hatte man schon während des Hannibalkrieges Getreide aus Ägypten importieren müssen. Hätten sie nun der Entmachtung des Ptolemäerreiches tatenlos zugesehen, so wäre der gesamte ostmediterrane Getreidehandel unter die Kontrolle potentiell feindlicher Großmächte geraten – Grund genug, zu den Waffen zu greifen. Nicht wenig mag bei dieser Entscheidung auch die Tatsache mitgespielt haben, dass viele Senatoren als stille Anteilseigner und über Mittelsmänner (Ritter und Freigelassene) am lukrativen Getreidehandel partizipierten. Weitreichende Finanz- und imperiale Sicherheitsinteressen waren schwer voneinander zu trennen.

Die Kriege gegen Philipp von Makedonien und Antiochos III. und die Ausweitung der römischen Hegemonie

Bereits im Jahr 197 v. Chr. errang der römische Konsul Titus Quinctius Flamininus den entscheidenden Sieg. Philipp musste alle Besitzungen in Griechenland und Kleinasien räumen, sein Stammland Makedonien blieb jedoch unangetastet. In einem wohl inszenierten Auftritt vor den versammelten Vertretern der Griechen erklärte der siegreiche General alle griechischen Städte für frei und garantierte ihre politische Unabhängigkeit. Zwei Jahre später verließ die letzte Legion das Land.

Ein neuer Konflikt bahnte sich an, als König Antiochos III., der Herrscher des Seleukidenreiches, die Niederlage Philipps zu nutzen trachtete. 193 überschritt er mit seinem Heer den Bosporus und stand ein Jahr später in Nordgriechenland. Damit war die von Rom garantierte »Freiheit der Griechen« akut bedroht. Der Senat entsandte erneut zwei Legionen. Sie vertrieben das seleukidische Heer zunächst aus Griechenland und schlugen es dann im Jahr 190 bei Magnesia am Sipylos (in Kleinasien) entscheidend. Der Friedensvertrag verpflichtete Antiochos zu hohen Kriegsentschädigungen und harten Rüstungsbeschränkungen. Ferner wurde ihm jegliches militärisches Ausgreifen westlich des Taurusgebirges untersagt. Erneut kehrten die Legionen nach Italien zurück.

Das Prinzip der Römer, die eigenen Truppen nach erfolgreichen Feldzügen abzuziehen, anstatt die besetzten Territorien dauerhaft in Besitz zu nehmen, war für die Griechen überraschend und ungewohnt. Die Gründe für das römische Vorgehen sind bis heute nicht ganz klar. Vermutlich meinte der Senat, ein allzu schnell wachsendes Provinzialreich würde die Kapazität des republikanischen Regiments überfordern und die innere Stabilität gefährden. Denn mit jeder Provinz mussten auch neue Statthalter ernannt werden, die weit entfernt

Der östliche Mittelmeerraum um 200 v. Chr.

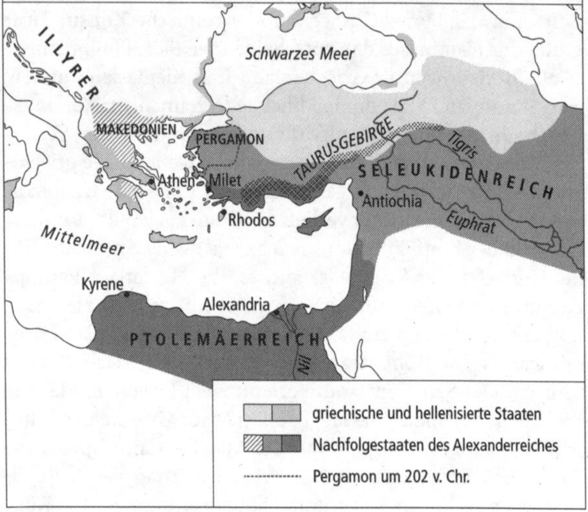

von Rom schwer zu kontrollieren waren. So versuchte man die besiegten Gegner durch Rüstungsbeschränkungen, diplomatische Überwachung und die Unterstützung kleinerer konkurrierender Mächte im Zaum zu halten. Wie das numidische Königreich in Nordafrika sollten im Osten Pergamon und Rhodos einen Wiederaufstieg geschlagener Gegner verhindern. Anstelle der Legionen strömten römische und italische Kaufleute in die besiegten Gebiete und meldeten ihren Patronen in Rom jede sich anbahnende politische Veränderung.

Diese Form indirekter Herrschaft ersparte den Römern eine dauernde Militärpräsenz und den Aufbau eines kostspieligen

Verwaltungssystems; außerdem verhinderte sie, dass sich ehrgeizige Feldherren zu lange im reichen Osten aufhielten. Wie sich jedoch schnell zeigte, gaben sich die kleineren Mächte auf Dauer mit ihrer Rolle als Handlanger der fernen Stadt am Tiber nicht zufrieden, sondern suchten selbst von der neuen Situation zu profitieren und ihre Macht auch in Konkurrenz zueinander auszubauen. Das führte zu ständigen Unruhen und Unsicherheit. Für die hellenistischen Könige muss es besonders irritierend gewesen sein, dass sie von Rom nach den Friedensschlüssen nicht, wie üblich im griechischen Raum, als gleichberechtigte Partner, sondern wie italische Bundesgenossen als Abhängige behandelt wurden, die sich den römischen Befehlen beugen mussten, auch wenn sie im Innern ihre Unabhängigkeit wahrten. Wie erniedrigend eine solche Abhängigkeit sein konnte, dokumentierte der »Tag von Eleusis« (Quelle 7), als der nach Ägypten vorstoßende Seleukidenkönig Antiochos IV. durch einen Senatsbeschluss ultimativ aufgefordert wurde, das Land zu verlassen.

Die Arroganz der Senatoren gegenüber den kulturell überlegenen Königreichen ließ den Hass auf die einstigen Befreier auch in Griechenland von Jahr zu Jahr wachsen. Der makedonische König Perseus nutzte diese Stimmung noch einmal zu einem gegen Rom gerichteten Bündnis der hellenistischen Königreiche. Doch erneut unterlag das makedonische Heer. Danach teilte der Senat Makedonien in vier Republiken auf. Sie besaßen zwar eine eigene Verfassung, hatten allerdings jährliche Tribute an Rom zu zahlen. Doch auch dieses Experiment bewährte sich nicht. Nach erneuten Aufständen übernahm im Jahr 148 ein römischer Statthalter die direkte Herrschaft in der neu eingerichteten Provinz *Macedonia* und die Kontrolle über Griechenland. Nach weiteren Unruhen gegen die romtreue Regierung der Achäer ließ der römische General Mummius Korinth 146 bis auf die Grundmauern niederbrennen.

Auch im Westen ging Rom keine Kompromisse mehr ein. Obwohl Karthago sich lediglich gegen die ungerechtfertigten Übergriffe der Numider wehrte, griffen die Römer die Stadt an und zerstörten sie nach dreijähriger Belagerung. Das Herrschaftsgebiet Karthagos wurde zur Provinz *Africa*. 133 v. Chr. fiel dann auch das letzte spanische Widerstandsnest Numantia. Als der König von Pergamon (in Kleinasien) sein von inneren Unruhen und italischen Kaufleuten ruiniertes Land den Römern vererbte, richtete der Senat zwei Jahre später (129 v. Chr.) mit der Provinz *Asia* das erste direkte Herrschaftsgebiet jenseits des Bosporus ein.

Das provinziale Herrschaftssystem

Auch wenn man wohl noch nicht von einem zusammenhängenden ›Reich‹ sprechen kann (vgl. »Kontroversen« 2), so verfestigten sich in dieser Zeit allmählich die Organisationsstrukturen der direkten Herrschaftsgebiete: Jede Provinz stand unter der Aufsicht eines Konsuls oder Prätors (später eines Pro-Konsuls oder Pro-Prätors). Sie besaßen weitaus größere Macht als in Italien oder Rom, da sie ihr Amt als Statthalter ohne Kollegen ausübten und in ihrem Verwaltungsgebiet die höchste militärische und zivile Gewalt innehatten. Allerdings amtierten sie wie alle Magistrate in der Regel nur ein Jahr, mitunter konnte die Amtszeit auf ein zweites Jahr ausgedehnt werden. Unterstützt wurden sie von einem Quästor, der die Provinzialkasse führte, sowie von einem oder zwei rangniederen Amtsträgern. Die übrigen Bediensteten brachte der Statthalter aus seinem Haushalt mit. Der Statthalter von *Asia* regierte mit rund fünfzehn Personen fünf Millionen Untertanen in einem Gebiet, das doppelt so groß war wie Italien. Wie war das möglich?

Oberstes Gebot für jeden Statthalter waren die Gewährleistung der Sicherheit der Provinz nach außen sowie die Aufrechterhaltung von Ruhe und Ordnung im Innern. Nur in den Anfangsjahren, als sich das provinziale Herrschaftssystem noch etablieren musste, sowie in Gebieten mit gefährdeten Grenzen wie Spanien oder Makedonien benötigte der Beamte hierzu reguläre römische Truppen. Ansonsten genügten einheimische Verbände oder Hilfstruppen grenznaher Fürsten. In kritischen Situationen schickte der Senat einen Konsul mit einer Legion zur Hilfe. Auch die Rechtsprechung des Statthalters beschränkte sich auf die Fälle, die ihm politisch wichtig erschienen und die Ruhe und Ordnung der Provinz gefährdeten. Den Großteil der Rechtsstreitigkeiten entschieden einheimische Gerichte. Mit der Steuererhebung hatte der Statthalter fast gar nichts zu tun. Jede Provinz musste regelmäßige Abgaben oder Tribute in Form von Getreide oder Geld entrichten. Die Eintreibung der Steuern wurde aber in der Regel in Rom an private Finanzorganisationen (*societates*) aus dem Ritterstand verpachtet. Diese zahlten dem Staat im voraus eine Pauschalsumme und erhielten dafür das Recht, den Steuersatz – in der Regel zehn Prozent des Getreideaufkommens – einzutreiben. Mit diesem System sicherte sich der Staat eine feste Einnahme und ersparte sich den Aufbau einer flächendeckenden Steuerverwaltung. Allerdings lud es auch zur Ausbeutung ein. Denn jede Gesellschaft, die das Steuereinzugsrecht ersteigert hatte, suchte aus der Provinz mehr herauszuholen, als die Pachtgebühr sie gekostet hatte.

Um seinen Aufgaben in der kurzen Amtszeit gerecht zu werden, war der Statthalter auf die Mitarbeit der in den Provinzen ansässigen römischen Grundbesitzer (meist reiche Geschäftsleute aus den Reihen der Ritter) und der einheimischen Honoratioren angewiesen. Hierin lag eines der Geheimnisse der römischen Herrschaft, die schon in Italien die lokalen Eliten als Partner zu gewinnen gesucht hatte. Indem der Beamte den provinzialen Eliten Verwaltungsbefugnisse übertrug und gesellschaftlich mit ihnen verkehrte, gab er ihnen das Gefühl, an der römischen Macht teilzuhaben. Im Gegenzug versorgten sie ihn mit Informationen aus dem hintersten Winkel der Provinz und stellten sich bei Konflikten auf seine Seite. Viele römische Adlige besaßen so nach einer gewissen Zeit ein ganzes Netz von provinzialen ›Freunden‹ und Klienten: Mancher *nobilis* war Patron einer ganzen Stadt (wie im Fall von Messana) oder sogar einer ganzen Provinz. Er vertrat seine Klienten in Rom, finanzierte lokale Bauarbeiten und konnte dafür mit Ehrungen, Landschenkungen und politischer Unterstützung rechnen.

Das System der ›Provinzialklientel‹ hatte aber auch seine Schattenseiten: Sosehr es den Statthalter in seiner Arbeit entlastete, so sehr beförderte es Protektion und Ausbeutung. Besonders betroffen waren die Masse der Untertanen und die lokalen Gemeinden. Sie mussten den Statthalter und sein Gefolge regelmäßig mit Getreide versorgen und stöhnten unter den Erpressungen der Steuerpächter, hatten aber kaum eine Chance, gegen überzogene Forderungen in einem fairen Prozess anzugehen. Um die finanziellen Belastungen der römischen Herrschaft zu tragen, blieb vielen Betroffenen nichts anderes übrig, als bei römischen Geldverleihern, die häufig mit den Steuerpächtern zusammenarbeiteten, Kredite zu Wucherzinsen aufzunehmen. Damit setzte eine Spirale der Verschuldung ein, die viele in den Ruin führte. Auch die Statthalter wollten natürlich auf ihre Kosten kommen. Nicht wenige traten ihren Posten unter der Hypothek hoher Schulden aus dem vorangegangenen Wahlkampf an und nutzten ihre Amtszeit zur Sanierung der eigenen Vermögensverhältnisse.

Der Senat hat dem Treiben in den Provinzen weitgehend tatenlos zugesehen, denn alle Statthalter kamen ja aus seinen Reihen. Nur selten gingen senatorische Gesandte in die Provinzen und kontrollierten die Beamten. Viele ehemalige Statthalter saßen selbst im Senat, waren mit den ritterlichen Geschäftsleuten befreundet oder besaßen Anteilscheine an der Steuerpacht. Erst im Jahr 149 richtete man eine eigene Strafbehörde »betreffend die Zurückforderung der (erpressten) Gelder« (*de pecuniis repetundis*) aus der Provinz ein. Sie verschaffte den Provinzialen immerhin die Möglichkeit, den Statthalter nach seiner Amtstätigkeit beim Vorsitzenden der Behörde anzuklagen und sich dabei von römischen Patronen vertreten zu lassen. Zu einer erfolgreichen Verurteilung kam es aber eher selten – da die Geschworenen durchweg römische Senatoren, später auch Ritter, aber eben keine Provinzialen waren –, und wenn tatsächlich einmal ein Statthalter wie der berüchtigte Gaius Verres verurteilt wurde, dann beruhte das eher auf einer besonderen innenpolitischen Konstellation und dem rhetorischen Geschick des Anklägers als auf der Einsicht, dass man gegen die Ausbeutungspraxis in den Provinzen grundlegend vorgehen müsse. Denn auf dieser Ausbeutung beruhte ja letztlich das System der politischen Karriere, die zu großen Teilen nur mit den provinzialen Gewinnen zu finanzieren war.

Der Aufschwung von Handel und Wirtschaft

Es waren aber nicht nur Gewinne aus den Provinzen, sondern auch gewaltige Kriegskontributionen, die seit den Siegen über Karthago und die hellenistischen Könige des Ostens an den Tiber flossen. Der Verkauf von Kriegsgefangenen, grenznahe Raubzüge und Plünderungen füllten die Taschen der Feldherren: Sie und ihre Familien schwammen regelrecht in Geld und hinterließen ihren Kindern Vermögen, von denen frühere Generationen nicht zu träumen wagten. Ein Großteil des Vermögens wurde weiterhin in Grundbesitz investiert, wie überhaupt die Landwirtschaft die Grundlage der römischen Wirtschaft blieb; doch zusätzlich kaufte man nun auf den großen Märkten des Ostens (z. B. Delos) billige Sklaven in immer größerer Zahl. Sie bewirtschafteten die Felder und Höfe und waren eine wichtige Voraussetzung, um die Betriebe auf profitablere Produkte umzustellen: So ging man in Italien vielerorts dazu über, anstatt Getreide Olivenöl und Wein ausschließlich für den Verkauf und den Export anzubauen. Der ältere Cato empfahl darüber hinaus, zur Gewinnsteigerung in den Fernhandel und das Bankwesen zu investieren. Beides war eigentlich eine Domäne reicher Geschäftsleute aus dem Ritterstand, die sich schon seit einiger Zeit zu Gesellschaften (*societates*) zusammentaten, um den Zuschlag zur Steuereintreibung zu erhalten sowie größere Geldgeschäfte teilweise über mehrere Provinzen (und auf Kosten des hellenistischen Bankwesens) hinweg zu tätigen. Offiziell war den Senatoren zwar die Beteiligung am Großhandel verwehrt (s. S. 36 f.), tatsächlich aber konnten sie als stille Anteilseigner oder über Mittelsmänner (Freigelassene) in die Geschäfte der Ritter investieren und an deren Gewinnen teilhaben.

Das in gewaltigen Mengen nach Rom und Italien strömende Geld suchte sich auf diese Weise neue Anlagemöglichkeiten auch jenseits des Grundbesitzes, und ein allgemeines Gewinn- und Profitdenken setzte sich so auch in Kreisen der *nobiles* durch (wobei ihnen sicherlich nicht nur hellenistische Vorbilder, sondern auch die alten römischen Handelstraditionen aus der Zeit des 5. Jahrhunderts zugutekamen). Angetrieben wurde es nicht zuletzt dadurch, dass man durch immer aufwendigere Wahlkämpfe die Konkurrenten auszustechen und den eigenen Lebensstil nach dem Vorbild hellenistischer Herrscher immer luxuriöser auszugestalten suchte: Pompöse Villen wurden mit teuren Gemälden und Statuen ausgestattet, man leistete sich teures Silbergeschirr und Teppiche, verfeinerte die

Speisen mit östlichen Gewürzen (Pfeffer) und engagierte neben dem üblichen Hauspersonal griechische Hausärzte, Kunstkenner, Handwerker und Philosophen. Besonders die Hauptstadt Rom erlebte auf diese Weise einen vorher nicht gekannten Zustrom an Menschen zumal östlicher Herkunft.

Der wachsende Bedarf der römischen Eliten nach Luxusobjekten, hochwertigen Handwerkserzeugnissen, Metallen und Baumaterialien sowie Spezialisten auf der einen, ein kontinuierlicher, sich aus den Provinzen, den öffentlichen Minen (in Spanien) und Kriegsgewinnen speisender Geldzufluss auf der anderen Seite sowie die Verknüpfung weit auseinanderliegender Wirtschaftsräume durch die Massenverschiffung von Sklaven, Getreide sowie Wein, Öl und sogar fernöstlichen Waren (indischer Pfeffer seit Ende des 2. Jahrhunderts) führten dazu, dass – nimmt man die Zahl der gefundenen Schiffswracks und Transportamphoren als Maßstab – der Mittelmeerraum seit dem 2. Jahrhundert eine vorher nicht gekannte Steigerung des Handels und zumal im Westen einen Aufschwung wirtschaftlicher Produktion erlebte. Auch die gleichzeitig aufstrebende Piraterie ist – so paradox es zunächst klingen mag – hierfür ein Indiz: denn sie erstarkte nicht nur deshalb, weil staatliche Ordnungsmächte im Osten mit dem Verfall der hellenistischen Monarchien fehlten, sondern auch und besonders, weil man auf den großen Seehandelsrouten fettere Beute fand als jemals zuvor. Ferner profitierten die Seeräuber als Sklavenlieferanten selbst von dem enormen Bedarf der Römer nach unfreien Arbeitskräften und hielten damit einen der am schnellsten wachsenden Handelsbereiche in Gang. Das war auch der Grund, weshalb die römischen Senatoren lange keine Veranlassung sahen, militärisch gegen die Piraterie vorzugehen, obwohl ihnen dazu alle Mittel zur Verfügung standen.

Es versteht sich fast von selbst, dass diese sich parallel zur Ausweitung der römischen Herrschaft vollziehenden Veränderungen im Bereich des Handels und der Wirtschaft auch die Sozialstruktur der Bevölkerung nicht unbeeinflusst ließen. Zwar war nach wie vor der überwiegende Teil (wahrscheinlich bis zu 90 %) der Römer Bauern, und die Landwirtschaft blieb die entscheidende Basis von Wirtschaft und Wohlstand, doch – zumal in den italischen Landstädten, aber auch in Rom selbst – entwickelte sich eine weiter differenzierende Handwerker- und Kleinhändlerschicht, die von den Investitionen und Bedürfnissen der Wohlhabenden profitierte und ihre Tätigkeiten an den neu entstehenden Wirtschaftszweigen ausrichtete. Gegenüber älteren Auffassungen ist man sich heute auch ziemlich sicher, dass sich das Geldwesen mit der Ausweitung der Steuerpacht, dem Zustrom von Gütern und Menschen nach Italien und dem damit einhergehenden Aufschwung des Klein- und Großhandels ›modernisierte‹. Der römische Silberdenar zirkulierte seit dem 2. Punischen Krieg nicht nur in Italien, sondern auch zunehmend in den westlichen, zum Teil auch in den östlichen Provinzen. Die Einführung von Goldmünzen in den achtziger Jahren des letzten vorchristlichen Jahrhunderts erhöhte die Liquidität und Stabilität der Wirtschaft; spätestens in dieser Zeit konnten Finanzgeschäfte bargeldlos abgewickelt werden, was die Flexibilität des Handels über große Entfernungen sowie die Bereitschaft der Wohlhabenden zur Investition in unterschiedliche Geschäftsbeteiligungen auch jenseits des Grundbesitzes noch einmal steigerte.

7 Der Beginn der inneren Krise seit der Mitte des 2. Jahrhunderts und die Reformversuche der Gracchen

Die Einflüsse der hellenistischen Kultur

Auch die Römer spürten den Wandel, der mit der Ausweitung der Herrschaft über den Mittelmeerraum einherging und die Gesellschaft erfasste. Ihre Historiker hatten vornehmlich die adlige Elite im Blick und beurteilten ihre Entwicklung in typisch moralisierender Manier negativ: Sie sprachen von einer regelrechten Dekadenz, von einseitigem Gewinnstreben und Gier, die alte römische Werte zerstörten (Quelle 8). Die Realität war komplizierter. Viele *nobiles* wurden zwar in der Tat immer reicher, fanden aber nicht nur zunehmend Geschmack an den materiellen, sondern auch an den geistigen Errungenschaften des griechisch-hellenistischen Ostens: Literatur, Rhetorik und Philosophie. Nicht wenige sahen hierin eine Gefährdung der innerrömischen Stabilität, wenn etwa ein charismatischer Redner wie der Philosoph Karneades während einer Gesandtschaftsreise im Jahr 155 die Wartezeit nutzte, um der staunenden römischen Jugend zu demonstrieren, dass Wertvorstellungen wie Gerechtigkeit immer von zwei Seiten zu beurteilen sind. Eine solche Relativierung moralischer Werte widersprach der römischen Auffassung vom *mos maiorum* als einer Orientierung, die weder hinterfragt noch diskutiert, sondern seit Urzeiten als Fundament der aristokratischen Dominanz hingenommen wurde. Andererseits fand der schon immer stark ausgeprägte aristokratische Geltungswille in der Beschäftigung mit griechischer Literatur und Philosophie eindrucksvolle Modelle und Begründungen. Dabei wurde weniger eine traditionelle Ethik durch eine neue ersetzt, sondern die Elemente griechischen Denkens verstärkten die vorhandene Spannung zwischen dem Wettbewerb der Adligen untereinander (s. S. 51f.) und dem Ideal einer gewissen Gleichförmigkeit innerhalb der herrschenden Schicht. Die Kriege gegen Hannibal und die hellenistischen Könige hatten Feldherren wie Scipio Africanus hervorgebracht, die unter dem Zwang der militärischen Umstände und gegen die üblichen Regeln der Ämterlaufbahn zu Kriegsherren aufgestiegen waren und sich nach ihren Erfolgen schwer damit taten, sich wieder dem Gleichheitsanspruch der Nobilität unterzuordnen. Bislang hatte sich die Gesamtheit des Adels gegenüber dem herausragenden einzelnen als stärker erwiesen. Doch je größer die Chancen wurden, in den Kriegen nicht nur Ruhm, sondern auch gewaltige Reichtümer und Klienten zu gewinnen, und je mehr die jungen Adligen in Versuchung gerieten, sich ein eigenes Profil zuzulegen, um so schwieriger wurde es, erfolgreiche Aufsteiger zur Raison zu bringen.

Bevölkerungswachstum und Landflucht

Aber auch die breite Bevölkerung der Bauern unterhalb der nobilitären Elite blieb von den langen Kriegen nicht unberührt. Ihr Selbstbewusstsein basierte auf der Unantastbarkeit des bäuerlichen Hauses und der gesicherten Freiheit (*libertas*) vor dem Zugriff anderer Bürger. Außerdem bildeten sie das unverzichtbare Rückgrat der Legionen. Der Stolz auf die militärischen Erfolge mischte sich schon seit dem Hannibalkrieg mit der Gewissheit, hohe Blutopfer geleistet zu haben. Auch wenn Rom am Ende siegreich blieb, so hatten auch die Kriege im Osten und besonders die nicht enden wollenden Kämpfe in Spanien zu erheblichen Verlusten geführt: Nach modernen Kalkulationen starben zwischen 34 und 40 Prozent der in dieser Zeit eingezogenen Rekruten im Kampf oder an den Kriegsfolgen. Das ist für eine Gesellschaft wie die der Römischen Republik, deren Armee nicht aus Berufssoldaten oder Söldnern, sondern aus wehrpflichtigen Bürgern bestand, ein erheblicher Aderlass. Wenn das Milizsystem dennoch lange Zeit funktionierte und die Verluste zunächst keine gravierenden Störungen der inneren Stabilität hervorriefen, dann war das den Kriegsgewinnen zu verdanken, die das hohe Lebensrisiko für viele ausglichen, zum anderen den *nobiles*, die ebenfalls viele Tote in ihren Reihen zu beklagen hatten und den einfachen Legionär immer wieder durch die Hoffnung auf Beute und Landgewinne anzuspornen vermochten.

Auf dem spanischen Kriegsschauplatz wirkten solche Parolen allerdings wenig: Hier lockten weder Reichtümer noch Landgewinne, und niemand mochte ernsthaft glauben, dass man die eigenen Bauernhöfe in Italien gegen die Stämme in Spanien verteidigen müsse. Noch schlimmer war es, dass die Erfolgsmechanismen der römischen Armee lange Zeit nicht griffen: Die einheimische Bevölkerung bevorzugte eine Kampfweise, die sich von derjenigen der Karthager und der östlichen Könige in vielerlei Hinsicht unterschied. Anstatt die Legionen zu einer offenen Feldschlacht mit gut geordneten Heeren herauszufordern, griffen sie mit mobilen Verbänden aus dem Hinterhalt an, verwickelten die römischen Armeen in zermürbende Gefechte und zogen sich immer wieder in unzugängliche Bergregionen zurück. Die römischen Feldherren fanden gegen diesen Gegner lange kein Mittel und mussten zum Teil schmachvollen Verträgen zustimmen, um sich und ihre Truppen zu retten. Der Unmut unter den Legionären wuchs mit jedem Einsatz. Allein im Kriegsjahr 154 v. Chr. fielen mehr als ein Drittel der 30 000 eingesetzten Legionäre. Um die Verluste auszugleichen, musste der Senat in immer größerem Umfang unerfahrene Rekruten nach Spanien schicken. Durch die hektische Neurekrutierung und die regelmäßig einsetzenden Verluste entstand ein Teufelskreis, der den Unmut der Römer steigerte (Quelle 9): Erstmals in der langen Geschichte

Roms musste die Auswahl der Rekruten durch Losung vorgenommen werden, weil niemand freiwillig nach Spanien gehen wollte. Viele versuchten mit Hilfe der Volkstribune, eine Einberufung zu verhindern oder auszusetzen. In Spanien selbst häuften sich Desertationen und Befehlsverweigerungen. Das Vertrauensverhältnis zwischen Senat und Milizarmee war erschüttert, das Milizsystem der jährlichen Aushebungen überfordert.

Dass die militärischen Probleme nicht nur soziale Spannungen schürten, sondern auch Auswirkungen auf die Bevölkerungsstruktur und ihre wirtschaftlichen Grundlagen hatten, liegt auf der Hand. Sie zu benennen ist freilich nicht so einfach. Erklärungen antiker Autoren (Quelle 10) werden heute als zu einseitig kritisiert. Grundsätzlich können Kriegsverluste unter der männlichen Bevölkerung einer bäuerlichen Gesellschaft durchaus zugutekommen, weil mehr freie Ackerflächen zur Verfügung stehen und die Bauernfamilie sich nicht um die Versorgung einer großen Zahl männlicher Nachkommen sorgen muss. So mag es auch in Italien gewesen sein (vgl. »Kontroversen« 3): Die Überlebenden der Kriege profitierten von der allgemeinen Lage, indem sie die besten Ackerflächen bearbeiten und angesichts des Mangels an heiratsfähigen Männern auch mit einer höheren Mitgift ihrer Ehefrauen rechnen konnten. Wie fast immer tendieren bäuerliche Gesellschaften in solchen Phasen des relativen Wohlstandes dazu, mehr Kinder in die Welt zu setzen. Und in der Tat lässt sich den offiziellen Zensuszahlen für die Zeit nach 200 v. Chr. entnehmen, dass die Kriegsverluste durch eine stetig steigende Geburtenrate nicht nur ausgeglichen wurden, sondern die Bevölkerung insgesamt zwischen 200 und 146 erheblich zunahm.

Die jungen Männer der neuen Generation standen nun allerdings vor dem Problem, dass viele der besten Landstücke besetzt (okkupiert) waren und mit neuen Produktionsmethoden bearbeitet wurden. Nicht wenige Großgrundbesitzer konzentrierten sich anstelle von Getreide auf den Anbau von Wein, Oliven und Gemüse. Hinzu kam in der Folgezeit die Viehzucht. Die veränderte Landwirtschaft benötigte größere Anbau- bzw. Weideflächen und viele Landarbeiter. Beides war im 2. Jahrhundert leicht zu bekommen: Die siegreichen Kriege im Osten führten zu einem Überangebot billiger Sklaven. Sklaven gab es schon immer in Rom, doch spätestens seit Beginn des 2. Jahrhunderts tauchen immer mehr Sklaven in den Handwerksbetrieben, den Privathäusern der *nobiles*, in der öffentlichen Verwaltung und besonders auf den Gütern der Reichen auf, wo sie zur Bodenbebauung und zum Viehbetrieb eingesetzt wurden.

Der Bodenbesitz der wohlhabenden Römer nahm stetig zu, und zwar nicht nur deshalb, weil Immobilien als die sicherste und standesgemäße Geldanlage galten, sondern weil nach dem Hannibalkrieg vor allem in Süditalien große Flächen unbebauten Landes zur Verfügung standen. Offiziell handelte es sich um römisches Staatsland (*ager publicus*), das Rom den einst mit den Karthagern kooperierenden Städten weggenom men hatte. Der Senat verpachtete das Land nach Kriegsende oder gab es zu günstigen Konditionen zur privaten Nutzung ab. Doch nur die Reichen und die Überlebenden der großen Kriege der ersten Hälfte des 2. Jahrhunderts profitierten davon: Sie okkupierten das Staatsland und nutzten die einmalige Chance, während die folgende Generation meist zu spät kam.

So blieb vielen jungen Männern (und ihren Familien) nichts anderes übrig, als dorthin zu ziehen, wo sich die Reichtümer der Kriege in besonderem Maße sammelten und neue Verdienstmöglichkeiten lockten – in die großen Städte. Den größten Anziehungspunkt bildete Rom selbst: Die intensive Bautätigkeit versprach Anstellung, die wachsenden politischen Konkurrenzkämpfe unter den Adligen ließen die Zahl der von ihnen finanzierten Feste und Spiele, die regelmäßig mit einer freien Verköstigung des Volkes einhergingen, in die Höhe schnellen. Dennoch war das Leben in der Hauptstadt hart und häufig gefährlicher als auf dem Land: Das enge Zusammenwohnen auf kleinstem Raum steigerte die Gefahr von Epidemien; Raub und Mord in den Gassen waren an der Tagesordnung, und die Chance, sich von den geringen Verdiensten irgendwann einmal ein kleines Stück Land kaufen zu können, war ähnlich gering wie in den heutigen Boomtowns Asiens oder Südamerikas. Für viele, die mit so großen Hoffnungen in die Städte gezogen waren, zerplatzte der Traum vom Glück und wandelte sich in eine trübe Zukunft als mittellose und verachtete Kostgänger (»Proletarier«) einer reichen Adelsschicht, die nicht bereit war, etwas von ihrem Land oder den ›okkupierten‹ Ackerflächen aufzugeben, da man erhebliches Kapital in deren Bewirtschaftung und Verbesserung investiert hatte. Zudem erachteten die *nobiles* eine Neuverteilung eigener Besitzungen als revolutionären Angriff auf ihre dominierende Stellung im Staat. Da schließlich keine militärische Notwendigkeit mehr bestand, in Italien Kolonien zu gründen, war auch dieser Weg, den Besitzlosen neues Land zur Verfügung zu stellen, versperrt. Auch auf dem Land wuchs so eine ganze Generation von jungen Menschen heran, die über keinen eigenen Grundbesitz verfügten, sondern in unsicheren Arbeitsverhältnissen standen. Sie sahen, dass der Wohlstand durchaus verbreitet und groß war – nicht nur bei den adligen Grundbesitzern, sondern auch bei einer breiten Mittelschicht. Aber die Besitzverhältnisse hatten sich so verfestigt, dass sie keine Chancen erhielten, an diesem Wohlstand teilzuhaben.

Die Maßnahmen der Gracchen und ihr Scheitern

Der beschriebene Prozess der zunehmenden Landflucht und ›Proletarisierung‹ großer Teile der mittleren Bauernschicht hätte wahrscheinlich – wie in vielen heutigen Staaten der »Dritten Welt« – keine politischen Reaktionen hervorgerufen, wenn er nicht auch gravierende militärische Probleme nach sich gezogen hätte. Ein Grundprinzip des römischen – wie überhaupt jedes antiken – Milizsystems bestand darin, nur Rekruten mit Bodenbesitz in die Reihe der Schwerbewaffneten zu berufen, weil man meinte, dass nur die um ihren eigenen Landbesitz Kämpfenden bereit waren, entsprechende Opfer für den Staat zu bringen. Indem nun aber immer mehr junge Leute seit der Mitte der 140er Jahre in die Städte abwanderten und andere keine eigenen Bauernstellen bewirtschafteten, wurde abgesehen davon, dass der Krieg selbst nach wie vor verlustreich war, der Pool der wehrfähigen Bevölkerung kleiner. Nun hat die Nobilität diese Probleme durchaus gesehen. So senkte man im Jahre 140 die Besitzkriterien für den Kriegsdienst so weit, dass sogar Männer als Legionäre dienen konnten, die lediglich eine Hütte innerhalb eines mittleren Gartengrundstückes besaßen. All dies waren jedoch Notmaßnahmen, die den Kern des Übels, nämlich die Versorgung einer großen besitzlosen Gruppe unzufriedener junger Männer mit Ackerland, nicht betrafen. Ein Gesetzesvorschlag des Konsuls Laelius aus dem gleichen Jahr, der den Mittellosen Ländereien aus den Flächen des *ager publicus* übertragen sollte, traf auf den erbitterten Widerstand im Senat und wurde fallengelassen.

Es bedurfte einer besonderen politischen sowie persönlichen Konstellation und einer institutionellen Basis, die stark genug war, sich gegen die Autorität der Nobilität durchzusetzen und Sympathisanten aus ihren Reihen zu gewinnen. Im

Jahre 133 war eine solche Konstellation gegeben. Der aus einer hochadligen Familie stammende Tiberius Sempronius Gracchus hatte das Pech gehabt, als Verhandlungsführer in Spanien die militärische Niederlage seines kommandierenden Feldherrn Mancinus ausbaden zu müssen, und er wurde für den schmachvollen Vertrag mitverantwortlich gemacht, den Mancinus daraufhin mit den Feinden schloss. Eine klassische politische Karriere, wie man sie von einem jungen *nobilis* erwartete, war angesichts dieses Prestigeverlustes erst einmal verbaut, und so schlug Tiberius, der sich von seinen Standesgenossen verraten und zu Unrecht benachteiligt fühlte, den Weg über das Volkstribunat ein, um Ansehen und Anhängerschaften zu gewinnen. Seine Verbitterung über die Brüskierung, die er von der Mehrheit der *nobiles* erfahren hatte, traf sich mit dem Unmut der jungen Leute, die ohne Land einer düsteren Zukunft entgegensahen. So griff er das gescheiterte Versorgungsprojekt aus dem Jahr 140 auf und konzentrierte sich auf das von den Großgrundbesitzern okkupierte Staatsland (*ager publicus*): Nach seinem Plan sollten Grundbesitzer nicht mehr als je 500 Morgen (= 125 ha = 1,25 km^2) und maximal zwei Söhne nicht mehr als je 250 Morgen Staatsland besitzen dürfen. Alles Land darüber hinaus sollte eine staatliche Kommission an bäuerliche Siedler verteilen.

Erwartungsgemäß lehnte die Mehrheit des Senats den Plan ab. Daraufhin brachte Tiberius gegen die Tradition sein Gesetzesvorhaben vor die Volksversammlung. Hier fand er große Zustimmung. Kurz vor der Abstimmung legte jedoch der vom Senat instruierte Volkstribun Octavius sein Veto ein. Was folgte, widersprach allen Regeln: Tiberius ließ nach einer kurzen Rede seinen Kollegen absetzen. Danach wurde das Ackergesetz angenommen. Neben Tiberius wurden sein Bruder und sein Schwiegervater Mitglieder der mit der Verteilung von Landstücken beauftragten Kommission. Später beschloss die

Volksversammlung auf Antrag des Tiberius, die Erbschaft, die der König von Pergamon (Kleinasien) gerade den Römern vermacht hatte, zur Finanzierung und Durchführung zu verwenden. Damit griff Tiberius in einen Bereich der Außenpolitik ein, der traditionell dem Senat unterstand.

Um sich gegen die Gefahr zu wappnen, von seinen politischen Gegnern nach Ende des Volkstribunats vor Gericht gezogen zu werden, gab Tiberius bekannt, sich für eine zweite Amtszeit zu bewerben. Dies widersprach erneut den ungeschriebenen Regeln der Verfassung (s. S. 44). Viele Senatoren fürchteten nun sogar eine Alleinherrschaft des Volkstribuns. Die angespannte Stimmung eskalierte. Mehrere hochrangige Senatoren unter Führung des Publius Cornelius Scipio Nasica stürmten mit 300 Klienten den Volksversammlungsplatz und erschlugen Tiberius sowie einen Großteil seiner Anhänger. Das von der Volksversammlung beschlossene Ackergesetz war zwar nicht mehr rückgängig zu machen, doch ließen sich die Konsuln in die Ackerkommission wählen und verschleppten dort die Verteilung des Landes.

Zehn Jahre nach dem Tod des Tiberius nahm sein Bruder Gaius die Pläne zur Reform der Bodenbesitzungen erneut auf, verknüpfte sie diesmal aber mit weitreichenden Veränderungen politischer Institutionen. In der Summe zielten die zahlreichen Einzelgesetze auf eine Erneuerung des gesamten Staates mit veränderten politischen Gewichten. Anstatt Staatsland in Italien zu verteilen, schlug er vor, Kolonien in der Provinz *Africa* auf dem Gebiet des zerstörten Karthago zu gründen; tatsächlich wurde eine große Kolonie auf dem Boden Karthagos angelegt. Um Helfer gegen den zu erwartenden Widerstand des Senats zu gewinnen, versprach Gaius der städtischen Bevölkerung subventioniertes Getreide (*lex frumentaria*) und zog schließlich auch den ökonomisch mächtigen Stand der Ritter auf seine Seite (s. S. 37), indem er ihnen u. a. die Steuerpacht von *Asia* übertrug und sie zu Richtern in den neu eingerichteten Geschworenengerichten machte. Damit erhielten sie als Gruppe eine neue öffentliche Kontur mit politischem Einfluss, ohne dass sie eine Ämterkarriere anstrebten (taten sie es doch, mussten sie offiziell ihr Ritterpferd abgeben und schieden damit aus der Gruppe der Ritter aus). Man sprach seitdem von einem *»ordo equester«*, einem Ritterstand im Gegensatz zum *»ordo senatorius«*.

Wahrscheinlich waren es gerade die Maßnahmen, die dem Staat neue Tätigkeitsfelder (wie die regelmäßige Getreideversorgung) übertrugen, der Eingriff in Hoheitsfunktionen des Senats im Bereich der Provinzen und vor allem die Tatsache, dass Gaius im Erfolgsfalle seine Anhängerschaft überdimensional erweitert hätte, die den erbitterten Widerstand des Senats hervorriefen. Zudem weigerten sich viele Ritter, die in ihrer Gesamtheit radikalen Maßnahmen des Volkstribuns mitzutragen, und die mittellosen Römer blieben skeptisch gegenüber Ansiedlungen außerhalb Italiens. So gelang es den Gegnern des Volkstribunen, die Stimmung gegen ihn zu schüren. Als sich Gaius 122 v. Chr. erneut zum Volkstribun wählen lassen wollte, riefen sie den Staatsnotstand aus und brachten ihren Gegner mit etwa 3000 seiner Anhänger auf offener Straße um (Quelle 11). Wieder war ein politischer Konflikt nicht anders als durch brutale Gewalt entschieden worden.

Die Folgen der ungelösten Probleme: Spaltung der Nobilität und Politisierung der Ritter

Nach der Ermordung des Gaius Gracchus machten die *nobiles* die meisten seiner gesetzlichen Maßnahmen rückgängig oder wirkungslos. Insbesondere der Plan der Landverteilung war betroffen, weil im Jahr 111 die von der Ackerkommission verteilten Bauerngüter in veräußerbares Eigentum umgewandelt wurden. Fortan durften die neugeschaffenen Güter verkauft werden, und die Großgrundbesitzer setzten alles daran, auf diese Weise wieder in den Besitz der verteilten Grundstücke zu gelangen. Einer gesetzlichen Neuverteilung war durch das Eigentumsrecht ein Riegel vorgeschoben. Folgerichtig wurde die Ackerkommission aufgelöst. Im Prinzip waren damit die Verhältnisse aus der Zeit vor den Gracchen wiederhergestellt, und künftige Ansiedlungen konnten nur noch durch Landkauf oder Enteignung realisiert werden.

Dennoch konnten die *nobiles* nicht verhindern, dass Methoden und Ideen der Gracchen weiterlebten. Dazu waren die Probleme der landflüchtigen und mittellosen Römer und die Verweigerungshaltung der konservativen Senatoren zu offensichtlich. Außerdem hatte letzteren die offene Anwendung von Gewalt gegen einen Volkstribun weitaus mehr Schaden als Respekt eingebracht. So fanden sich in der Folgezeit unter den *nobiles* immer wieder Politiker, die mit Hilfe des Volkstribunats und der Volksversammlung die Vorherrschaft des Senats brechen und auf diese Weise auch Veränderungen zugunsten breiterer Volksschichten erwirken wollten. Vertreter dieser Richtung nannte man »Popularen«, im Gegensatz zu den »Optimaten«, die weiterhin dem Senat die alleinige Führungsrolle im Staat zuerkannten und jegliche Veränderungen im Sinne der Gracchen ablehnten. Die Spaltung des Senats in diese beiden Lager hat die Möglichkeit einer konstruktiven, den Anforderungen der Zeit angemessenen Politik zusätzlich erschwert. Kompromisse wurden immer seltener gesucht, stattdessen beherrschte ein rücksichtsloser Konkurrenzkampf um Ämter und Einfluss die innenpolitische Szene.

Das Volk musste von dieser Entwicklung enttäuscht sein. Das Vertrauen, das man den ›Herren der Welt‹ über Jahrhunderte entgegengebracht hatte, erschöpfte sich mehr und mehr. Denn die *nobiles* wehrten sich nicht nur gegen Veränderungen zugunsten der Bauern und Soldaten: Schlimmer war, dass sie ihre eigenen Ziele immer häufiger mit Gewalt durchsetzten.

Die Verachtung der selbstherrlichen Methoden der *nobiles* wuchs in dem Maße, in dem die adligen Feldherren seit den 120er Jahren wiederholte Niederlagen in Nordafrika gegen den numidischen König Iugurtha erlitten. Vielfach vermutete man hinter den Misserfolgen Bestechungen durch den König. Da die *nobiles* sich auch in den Provinzen immer weniger um eine ordentliche Verwaltung kümmerten und stattdessen die Untertanen rücksichtslos ausbeuteten, schien der Verdacht gerechtfertigt. Neu war aber vor allem, dass Fehlleistungen – die es ja schon immer gegeben hatte – nun regelmäßig von popularen Politikern skandalisiert wurden. Ob die Regierenden tatsächlich öfter versagten als früher, ist schwer zu sagen, aber jetzt fiel es in jedem Fall eher auf.

Kritik an der Nobilität kam auch aus den Reihen der Ritter. Gaius Gracchus hatte ihnen die Möglichkeit gegeben, als Richter in neu eingerichteten Strafverfahren zu fungieren, die sich mit Fällen von Erpressung durch Statthalter in den Provinzen befassten (s. S. 81). In dieser Funktion konnten sie sogar den *nobiles* gefährlich werden. Denn bisher hatten die Adligen ihre Prozesse untereinander geführt. Nun mussten sie sich gegenüber einer vergleichbar vermögenden Gruppe rechtfertigen. Die Ritter nutzten ihre Macht – auch aus finanziellen Interessen, denn sie verdienten in den Provinzen als Geldverleiher und Steuereintreiber nicht weniger als die Statthalter. Sicherlich kooperierten viele Ritter mit den Statthaltern und Senatoren in der Provinzialpolitik. Daneben gab es jedoch auch Fälle, in denen sie hohe Beamte zu Fall brachten, wenn sie ihre eigenen wirtschaftlichen und finanziellen Interessen gefährdet sahen. Nicht von ungefähr verschafften die handeltreibenden Ritter in Nordafrika dem Unmut des Volkes gegenüber den erfolglosen Feldherren zusätzliches politisches Gewicht. In der

Folgezeit arbeiteten sie häufig mit Volkstribunen zusammen, um ihre Ziele durchzusetzen. Mit der Politisierung der Ritter war ein neuer Machtfaktor entstanden, der die Dominanz der *nobiles* erschütterte und zusätzliches Konfliktpotential in die Innenpolitik brachte.

8 Die Militarisierung der Innenpolitik im 1. Jahrhundert: Marius, Sulla und der Beginn der Bürgerkriege

Der Aufstieg des Marius und der Ansehensverlust der Nobilität

Der erste, der von den veränderten innenpolitischen Verhältnissen und vom militärischen Versagen adliger Feldherrn profitierte, war Gaius Marius. Dieser Mann aus dem Ritterstand war zunächst von der Adelsfamilie der Meteller protegiert worden und hatte sich als Unterfeldherr im Gefolge des in Afrika kämpfenden Quintus Caecilius Metellus bewährt. Im Jahr 108 meinte Marius, sich gegen den Willen seines Kommandeurs um das Konsulat bewerben zu können. Nun kamen ihm sein ausgezeichnetes Verhältnis zu den Soldaten zugute sowie die Tatsache, dass die ehemaligen Gefolgsleute der Gracchen und nicht wenige Ritter einen neuen Vertreter ihrer Interessen ersehnten. Sie wählten den *homo novus* nicht nur zum Konsul, sondern sorgten auch dafür, dass ihm anstelle des Metellus per Volksbeschluss der Krieg gegen Iugurtha übertragen wurde.

Marius rechtfertigte das Vertrauen und beendete den Krieg in Nordafrika erfolgreich mit der Gefangennahme des Iugurtha. Doch nur wenige Jahre danach sah sich Rom mit einem viel gefährlicheren Gegner konfrontiert: Die germanischen Stämme der Kimbern und Teutonen drängten durch Gallien an die norditalischen Grenzen und vernichteten auf ihrem

Weg zwei römische Armeen. Ein weiteres Mal rief das Volk nach Marius und wählte ihn erneut zum Konsul. Gegen den Widerstand der Nobilität passte Marius das römische Militärwesen auf der Grundlage bestehender Entwicklungen den neuen Herausforderungen an; von der Vorstellung, dass es sich um eine echte Reform handelte, hat man inzwischen Abstand genommen. Um die Sollstärke der Legionen zu erreichen, rekrutierte Marius schon für den Feldzug in Nordafrika Besitzlose. Sie wurden jetzt erneut in großer Zahl zu den Waffen gerufen und einem scharfen Drill unterworfen. Damit entfernte sich Marius schrittweise vom Prinzip des bäuerlichen Milizheeres. Parallel modifizierte er die Bewaffnung der Legionäre und bildete größere taktische Einheiten, um auf den Ansturm der Germanen in der Schlacht besser reagieren zu können. Schließlich erhöhte er die Mobilität und Schlagkraft der Truppe: Fortan mussten die Legionäre einen Großteil ihrer Ausrüstung und Verpflegung mit sich tragen, wodurch sie nicht mehr von einem schwerfälligen Tross abhängig waren; das größere Marschgepäck brachte den Soldaten einen neuen Spitznamen ein: »Esel des Marius« (*»mules Mariani«*). Mit der neuformierten Armee konnte Marius die Teutonen 102 v. Chr. bei Aquae Sextiae (Aix-en-Provence in Südfrankreich) und ein Jahr später die Kimbern bei Vercellae (Vercelli in Oberitalien) besiegen.

Marius wurde aufgrund seiner Erfolge mehrmals hintereinander (104–101 v. Chr.), meist mit den Stimmen der Ritter, zum Konsul gewählt – ein in der Geschichte der Republik einmaliger Vorgang. Verständlicherweise schürte die beispiellose Karriere eines nicht-adligen Politikers das Misstrauen der Nobilität. Ihre Sorge wuchs, weil das Verhältnis zwischen Marius und den Soldaten während der Feldzüge immer enger geworden war. Viele Legionäre waren mittellos und hatten ohne die Sicherheit eines heimischen Grundbesitzes über Jahre unter Marius gekämpft. Sie erwarteten von ihrem Feldherrn, dass er nach Kriegsende für sie sorgte, so wie es im zivilen Leben ein Patron für seine Klienten tat. Marius nahm diese Rolle an und tat alles, um die Erwartungen seiner Soldaten zu erfüllen. Denn im Gegenzug konnte er damit rechnen, dass die Soldaten ihn politisch unterstützten. Es entstand ein enges Vertrauensverhältnis, das die Forschung als Militärklientel bezeichnet.

Die ehemaligen Soldaten des Marius bildeten eine Veteranenschicht mit erheblichem politischen Gewicht. Allein durch ihre Anwesenheit in Rom waren sie ein Machtfaktor, der von einem einzelnen Politiker als Druckmittel zur Durchsetzung seiner Ziele – z. B. bei Wahlen – eingesetzt werden konnte, was die Gegnerschaft zwischen Optimaten und Popularen weiter verschärfte. Marius arbeitete zum Beispiel mit einem popular gesinnten Volkstribun zusammen, um seinen Veteranen das versprochene Ackerland zu verschaffen. Um Italien zu entlasten, schlug dieser vor, per Gesetz Siedlungskolonien in den Provinzen *Africa*, Sizilien, Griechenland und Makedonien zu errichten.

Das war zu viel für den von den Optimaten dominierten Senat, der sich durch die Neuansiedlungen umzingelt sah und fürchtete, dass sich Marius und seine Freunde eine Klientel schufen, gegen die man machtlos sein werde. Erneut rief er daher den Staatsnotstand aus. Geschickt beauftragte er Marius als amtierenden Konsul, selbst gegen seine Mitstreiter vorzugehen. Marius beugte sich der Autorität des Senats und ließ seine politischen Freunde in Rom töten. Noch einmal hatte der Senat das Spiel um die Macht gewonnen, aber erneut um den Preis der Gewalt. Das eigentliche Problem blieb ungelöst: Die Armee und ihre Veteranen bildeten fortan einen Machtfaktor, der massiv in die Innenpolitik hineinwirkte.

Krise der Herrschaft – der Bundesgenossenkrieg und seine Folgen

Ein weiteres Problem bildete das Verhältnis Roms zu seinen italischen Bundesgenossen. Über Jahrhunderte hatten die Italiker Seite an Seite mit den Legionären alle Kriege durchgestanden und waren mehrheitlich selbst während der Erfolge Hannibals loyal geblieben. Diese Tatsache konnte allerdings nicht darüber hinwegtäuschen, dass es letztlich das militärische und machtpolitische Übergewicht der Römer war, das Italien zusammenhielt. Die *nobiles* ließen keinen Zweifel daran, dass die Bundesgenossen eine untergeordnete Stellung einnahmen und ihre Autonomie im Innern von der Gnade und dem Kalkül Roms abhing. Erstaunlicherweise mussten sie besonders im Krieg, also auf dem Gebiet, auf dem die Zuverlässigkeit der *socii* (Bundesgenossen) besonders gefragt war, harsche Benachteiligungen hinnehmen. So konnte der Feldherr die Soldaten der italischen Gemeinden aus Disziplingründen auspeitschen lassen. Die Legionäre hingegen waren vor dieser entehrenden Strafe geschützt. Außerdem erhielten die Hilfstruppen bei der Verteilung der Kriegsbeute geringere Anteile. Auch politisch fühlten sich die Bundesgenossen benachteiligt: Anders als die Römer konnten sie sich nicht gegen Zwangsmaßnahmen eines Beamten an die Volksversammlung wenden (Provokationsrecht). Und sie besaßen weder das aktive noch das passive Wahlrecht. Trotzdem mussten sie immer wieder mit harten Eingriffen römischer Beamter in ihre lokalen Angelegenheiten rechnen.

Lange haben die Bundesgenossen diese Benachteiligungen hingenommen. Ihr Verhältnis zu Rom wurde erst in dem Augenblick erschüttert, als der innerrömische Streit um die Agrarfrage ihre Stellung noch einmal massiv verschlechterte: So zwang die von Tiberius Gracchus eingesetzte Ackerkommission viele Bauern der Bundesgenossen, ihr rechtmäßig beackertes Land herauszugeben. Die neu gebildeten Kleingüter wurden jedoch nur an Römer verteilt. Diese Benachteiligung war auch ein Grund dafür, dass die Ackerkommission ihre Arbeit einstellen musste. Doch nach wie vor blieben die Italiker von Landzuteilungen ausgeschlossen. In der Folgezeit haben römische Politiker versucht, zumindest die politische Benachteiligung der Italiker aufzuheben. Ein Gesetz des Gaius Gracchus sollte Teilen der Italiker (den Latinern) das römische Bürgerrecht, den anderen Bundesgenossen wenigstens das Stimmrecht in Rom verschaffen. Drei Jahre vorher (125) hatte der Konsul Fulvius Flaccus vorgeschlagen, den Bundesgenossen wahlweise das römische Bürgerrecht oder das Provokationsrecht zu verleihen.

Doch all diese Anträge fanden keine Mehrheit im Senat. Zu viele Politiker fürchteten um ihre Machtbasis. Denn mit der Aufnahme der Italiker in den Bürgerverband hätte auf der einen Seite die alte römische Klientel der Senatoren an Bedeutung verloren, auf der anderen Seite hätte ein erfolgreicher Gesetzesantrag dem Antragssteller eine große Zahl neuer Anhänger verschafft. Das Machtgleichgewicht innerhalb der *nobiles* wäre bedroht gewesen. Aber auch die Masse der römischen Bevölkerung in der Hauptstadt sah ihren Status als Klienten der *nobiles* gefährdet. Sie hätten ihre Privilegien mit den Neubürgern teilen müssen. Geschickt heizten Politiker die Sorgen der Bevölkerung an und schufen ein zusätzliches Gegengewicht gegen alle Pläne zur Integration der Italiker.

Wie gereizt die Stimmung war, zeigt sich daran, dass im Jahr 95 alle Nichtrömer (*peregrini*) per Gesetz aus Rom ausgewiesen wurden – ein populäres Zugeständnis an den Egoismus der römischen Bevölkerung. Vier Jahre später wurde ein Politiker, der umfassende Reformen zugunsten der Bundesgenossen mit Begünstigungen der hauptstädtischen *plebs* verbinden wollte, ermordet. Die Italiker sahen sich um die letzte Chance einer Verbesserung ihrer Stellung betrogen. Aus Verbitterung wurde Wut und aus Wut die Bereitschaft zur Gewalt. Erstmals standen die Zeichen auf offenen Aufruhr. Doch anstatt Konzessionen zu machen, reagierte Rom mit Härte: Agenten und Prätoren wurden in die Italikerstädte entsandt, um (angebliche) Verschwörungen im Keime zu ersticken. Bei einer offiziellen Untersuchung 91 v. Chr. in Ausculum wurden die römischen Beamten von der aufgebrachten Menge getötet. Das war der Beginn des gewaltsamen Aufruhrs, der in Windeseile weite Teile Mittel- und Süditaliens erfasste. Zu Beginn des Jahres 91 stand fast ganz Italien im Krieg.

Der Bundesgenossenkrieg wurde auf beiden Seiten mit äußerster Brutalität geführt; keine Seite war zu Verhandlungen bereit. Für die Römer bedeutete der Krieg eine ungewohnte Herausforderung, denn erstmals kämpften sie gegen Soldaten, die eine vergleichbare Ausbildung durchlaufen hatten und die römische Kampftaktik aus den gemeinsamen Kriegen kannten. Die Römer schickten ihre besten Feldherren in den Kampf, um nicht überrollt zu werden. Bereits ein Jahr nach Kriegsbeginn versuchten sie die gegnerische Front aufzuweichen, indem sie den loyal gebliebenen Italikern das römische Bürgerrecht anboten. Ein Jahr später weiteten sie dieses Angebot aus und offerierten denjenigen Aufständischen, die bereit waren, die Waffen niederzulegen und sich innerhalb von 60 Tagen in Rom zu melden, das Bürgerrecht. Gleichzeitig führte man den Krieg mit unerbittlicher Härte weiter.

Die Verbindung von politischen Konzessionen an kooperationsbereite Italiker und einem regelrechten Vernichtungskrieg gegen alle Widerständler führte zum Sieg der Römer. Anstatt die Besiegten erneut vor den Kopf zu stoßen, gewährten sie nun allen ehemaligen Bundesgenossen das römische Bürgerrecht. Damit wurden große Teile Italiens zu einem einheitlichen Staatsgebiet zusammengefasst. Die ehemaligen

Bundesgenossen dienten fortan als Legionäre und besaßen die gleichen Rechte und Pflichten wie die Altbürger. Allerdings hatte der Krieg tiefe Wunden gerissen, die nicht leicht verheilten. Die Erinnerung an die Brutalität der Feldherren und das Abschlachten ganzer Armeen vergiftete noch lange das Verhältnis zwischen Alt- und Neubürgern. Außerdem war noch unklar, wie der enorme Zuwachs an Bürgern politisch bewältigt und mit den Institutionen eines Stadtstaates zur Deckung gebracht werden sollte (Quelle 12).

Sulla bricht das letzte Tabu und reorganisiert den Staat

Wie alle Kriege, so gebar auch das Ringen um die Macht in Italien neue Aufsteiger, die mit dem Rückenwind militärischer Erfolge in der Innenpolitik Karriere machen wollten. Ganz ähnlich wie Marius durch den Iugurthakrieg als *homo novus* in die Phalanx der *nobiles* einbrach, so versuchte der aus einer verarmten Adelsfamilie stammende Lucius Cornelius Sulla seine Verdienste im Bundesgenossenkrieg in innenpolitische Macht umzumünzen. Im Jahr 88 wurde er zum Konsul gewählt und erhielt den Auftrag, den Vormarsch des pontischen Königs Mithridates VI. zu stoppen, der während der Verwicklung der Römer in den Bundesgenossenkrieg die Gelegenheit genutzt hatte, die reiche Provinz *Asia* zu besetzen und in Griechenland einzufallen. Mithridates verdankte seine Erfolge in erster Linie dem Hass der Provinzialen auf die römische Herrschaft sowie der Tatsache, dass im Osten nur wenige kampferfahrene römische Verbände zur Verteidigung bereitstanden. Einem Gegenstoß geübter Truppen unter einem erfahrenen Feldherrn wie Sulla – so die allgemeine Auffassung – war er jedoch auf Dauer kaum gewachsen, und so strömten denn die Freiwilligen und Veteranen in der Hoffnung auf reiche Beute zu den Fahnen.

Doch gerade weil der Feldzug so attraktiv war, konnte es nicht ausbleiben, dass das Kommando zum Spielball des innenpolitischen Dauerkampfes zwischen Optimaten und Popularen sowie deren Protagonisten wurde. Als sich Sulla mit seinen Truppen in Nola zur Überfahrt nach Griechenland bereit machte, erreichte ihn die Nachricht, der Volkstribun Publius Sulpicius Rufus habe erwirkt, dass der Oberfehl auf Marius übertragen wurde. Sulla und seine Soldaten sahen sich um die Früchte ihrer bisherigen Kämpfe betrogen. Zum Äußersten entschlossen, marschierten Heer und Feldherr auf Rom. Erstmals in der Geschichte der Republik überschritt eine römische Armee die geheiligten Grenzen der Hauptstadt. Nach kurzem Kampf war Sulla Herr der Lage. Er ließ seine Gegner hinrichten oder zu Staatsfeinden erklären, auch Marius musste fliehen. Danach zog Sulla in den Krieg gegen Mithridates.

In Rom gewannen inzwischen die Gegner Sullas wieder die Oberhand und richteten ihrerseits ein Blutbad unter den Sullanern an. Erneut schien Gewalt das beste Mittel zur Durchsetzung politischer Ziele. Als Sulla Mithridates geschlagen hatte und siegreich aus dem Osten zurückkehrte, standen alle Zeichen auf Bürgerkrieg. Nach blutigen Kämpfen zog Sulla zum zweiten Mal mit seiner Armee in die Hauptstadt ein. Seine Rache war beispiellos: Auf öffentlichen Listen wurden alle aufgeschrieben (*proscribere*), die seit dem Frühjahr 83 zu seinen Gegnern zählten. Sie wurden damit geächtet, ihr Vermögen wurde öffentlich versteigert, und sie konnten von jedermann ohne Strafverfolgung getötet werden. Jeder Bürger war verpflichtet, Proskribierte anzuzeigen und zu verfolgen. Wer dem öffentlichen Terror nicht zum Opfer fiel, floh oder nahm sich das Leben.

Nach dem Sieg über die innenpolitischen Gegner tat Sulla einen ungewöhnlichen Schritt, um seine Machtstellung abzusichern. Die amtierenden Konsuln waren im Bürgerkrieg gefallen oder bei den Proskriptionen getötet worden. In solchen Fällen musste ein sogenannter *interrex* Neuwahlen durchführen. Diesmal bestellte die Volksversammlung Sulla zum Dictator »zur Gesetzgebung und Einrichtung des Staatswesens« (*dictator legibus scribundis et rei publicae constituendae*). Das Amt des Dictators war eigentlich nur für außergewöhnlich gefährliche Kriegssituationen gedacht und auf sechs Monate (die übliche Dauer eines Feldzuges) beschränkt. Sulla konnte immerhin argumentieren, dass der Bürgerkrieg diese Ausnahmesituation darstellte. Neu war jedoch, dass seine Dictatur unbefristet und zur Regelung innerer Verhältnisse und nicht mehr zur Abwehr äußerer Feinde ausgeübt werden sollte. Faktisch erlebte Rom damit zum ersten Mal seit der ›Königszeit‹ wieder die Alleinherrschaft eines Mannes, auch wenn dieser sich bemühte, seine Machtstellung in republikanische Formen zu kleiden.

Sullas Maßnahmen zur Wiederherstellung der innenpolitischen Stabilität waren von einem optimatischen Geist geprägt. Seine wichtigste Aufgabe sah er in der Stärkung des Senats. Da viele Senatoren Opfer der Bürgerkriege und Proskriptionen geworden waren, musste Sulla den Verlust durch Ernennungen ausgleichen. Darüber hinaus erhöhte er die Zahl der Senatoren von 300 auf 600. Die neuen Mitglieder ernannte Sulla in einem einmaligen Akt selbst; die Volksversammlung hatte jeden Vorschlag zu bestätigen. Die meisten der neuen Senatoren kamen aus dem Ritterstand – wahrscheinlich wollte Sulla auf diese Weise auch die Gegnerschaft zwischen Senatoren und Rittern entschärfen.

Ferner legte Sulla fest, dass alle Quästoren und Volkstribune nach Ablauf der Amtszeit in den Senat eintreten konnten. Gleichzeitig wurde die Zahl der Quästoren auf 20 erhöht. Damit konnte man mit jährlich mindestens 30 neuen Senatoren rechnen. Außerdem sollten fortan nicht sechs, sondern acht

Prätoren gewählt werden, um die Aufgaben im Bereich des neuorganisierten Gerichtswesens und der Provinzialverwaltung zu bewältigen. In diesem Zusammenhang legte Sulla wohl auch ein Mindestalter für die Bekleidung der Ämter fest. Das Gegenstück zur Stärkung des Senats bildete die Schwächung des Volkstribunats. Es waren seit den Gracchen immer Volkstribune gewesen, welche die Autorität des Senats untergraben hatten. Sulla bestimmte deshalb, dass fortan jede Gesetzesinitiative eines Volkstribuns vorher vom Senat abgesegnet werden musste. Außerdem verlor der Volkstribun sein Interzessionsrecht gegenüber den Amtshandlungen der Magistrate. Und schließlich wurden die Volkstribune von einer weiteren Karriere innerhalb des *cursus honorum* ausgeschlossen, was das Amt gänzlich unattraktiv machte.

Wenig Interesse zeigte Sulla für die Belange der Reichsverwaltung. Im Bereich der äußeren Politik hat er nichts Grundlegendes geändert, sondern ältere Vorschriften verschärft. So verbot eine *lex Cornelia de maiestate* den Statthaltern, mit ihren Truppen die Provinz zu verlassen und ohne Senatsauftrag Kriege zu führen – was in den Bürgerkriegen öfters vorgekommen war. Eine umfassende Ordnung des Reichsgebietes hielt er wie die meisten seiner Zeitgenossen (noch) nicht für nötig. Zwar hatte es in der Vergangenheit immer wieder Versuche gegeben, die Lage der Untertanen gegenüber den ritterlichen Geschäftsleuten und Steuerpächtern zu verbessern, doch all diese Versuche waren an politischen Intrigen in Rom gescheitert.

9 Die großen Militärpotentaten: Pompeius, Caesar und das Ende der Republik

Der Aufstieg des Pompeius

Doch gerade weil Sulla und der von ihm gestärkte Senat nicht bereit waren, sich den neuen Herausforderungen eines wachsenden Weltreichs anzupassen, verloren vor allem die Optimaten zunehmend die Kontrolle über die Außen- und Kriegspolitik. Anstatt den Beamten in Übersee weitreichende Befugnisse einzuräumen und eine leistungsfähige Provinzverwaltung aufzubauen, verharrte man in den scheinbar bewährten Methoden eines stadtstaatlich orientierten Adelsregiments, setzte auf Patronagebeziehungen und Ad-hoc-Lösungen (Quelle 13). Der mangelnde Wille, nach Eroberung und Ausbeutung auch die Rolle eines verantwortungsvollen Herrschers zu übernehmen, vergrößerte so fast zwangsläufig die Handlungsspielräume der Feldherren. Sie mussten die Lücke füllen, die der Senat offen gelassen hatte.

Damit boten sich neue Aufstiegschancen für Ehrgeizige, die nach dem Vorbild Sullas an den Regeln der *res publica* vorbei ihren Traum von Ruhm und Macht verwirklichen wollten. Einer der Begabtesten war Gnaeus Pompeius. Er hatte im Alter von 23 und ohne ein Amt zu bekleiden aus den Klienten seiner Heimat Picenum eine Privatarmee ausgehoben und sich Sulla im Jahr 81 als Helfer angeboten. Fortan bekämpfte er mit Billigung des Dictators die Marianer in den westlichen Provinzen. Nach seiner Rückkehr forderte er sogar einen Triumph, obwohl er seine Siege gegen Mitbürger erfochten hatte und kein ordentliches Amt bekleidete. Zwei Jahre später wurde er für das Jahr 70 zum Konsul gewählt und griff nun erstmals selbstbewusst in die Verfassung der *res publica* ein. Sulla war bereits im Jahr 79 von seiner Dictatur zurückgetreten – vielleicht ahnte er, dass seine Maßnahmen neue Kämpfe provozieren würden, denen er sich nicht mehr aussetzen wollte – und ein Jahr später gestorben. Tatsächlich fühlten sich selbst die Optimaten durch seine Gesetze gegängelt und in ihrem Entfaltungsspielraum eingeschränkt. Auch die Entmachtung des Volkstribunats erschien mit den Traditionen der *res publica* nicht vereinbar. Pompeius und sein Konsulatskollege Crassus nahmen diese Stimmung auf und beseitigten die politischen Beschränkungen des Volkstribunats. Außerdem ermöglichten sie den Rittern, wieder als Richter in den großen Geschworenengerichten zu fungieren. Fortan sollten die Richterbänke zu je einem Drittel aus Senatoren, Rittern und einer Gruppe plebejischer Beamter besetzt werden.

Außerordentliche Kommandos und die neue ›Reichspolitik‹

Danach richtete sich der Ehrgeiz des Pompeius wieder auf das Gebiet, auf dem er seine größten Lorbeeren geerntet hatte, nämlich den Krieg. Wahrscheinlich hatte er die Wiederherstellung des Volkstribunats auch deshalb so energisch betrieben, um sich mit dessen Hilfe – im Zweifel auch gegen den Senat – neue Kommandos zu verschaffen. Aufgaben gab es genug: Nach wie vor war Mithridates nicht endgültig besiegt. Zu eilig war Sulla vom östlichen Kriegsschauplatz zurückgekehrt. Zu den gefährlichsten Verbündeten des Pontoskönigs zählten die Piraten des östlichen Mittelmeeres: Sie hatten im Windschatten der innenpolitischen Auseinandersetzungen Roms einen enormen Machtaufschwung erlebt. In den siebziger Jahren standen sie mit den Seeräubern des westlichen Mittelmeerraums in Verbindung und bedrohten die Getreideversorgung Italiens. Gegenmaßnahmen blieben zögerlich und erfolglos; denn der Senat scheute sich, einem einzelnen Feldherrn weitreichende Kompetenzen und militärische Machtmittel anzuvertrauen, die zwar sachlich notwendig, aber innenpolitisch bedenklich waren. Denn normalerweise wurden den Konsuln nur begrenzte Kommandobereiche für ein oder zwei Jahre übertragen. Als im Laufe der Zeit die Zahl der Provinzen und Kriegsgebiete wuchs, half man sich damit, dass man den im Feld stehenden Feldherren nach Ende der Amtszeit die Kommandogewalt (*imperium*) anstelle eines gewählten Beamten (Pro-Magistrat) weiter beließ. Sulla hatte jedoch die Aktionsräume aller Kommandeure und Statthalter in den Provinzen nur mit Blick auf die Innenpolitik eingeschränkt, als er ihnen gesetzlich untersagte, mit ihren Truppen die Provinzgrenzen zu verlassen.

Mit derlei Beschränkungen war den Piraten nicht beizukommen. Um sie wirksam zu bekämpfen, bedurfte es einer übergeordneten Kommandoebene, die es dem Feldherrn erlaubte, sich nach militärischen Gesichtspunkten frei zu bewegen und sämtliche Ressourcen der Provinzen für sich in Anspruch zu nehmen. Natürlich waren die innenpolitischen Risiken einer solchen Machtzusammenballung groß: Sulla selbst hatte ja demonstriert, wie leicht es war, mit einer eingeschworenen Armee von der Peripherie nach Italien zu ziehen und sich zum Herrn Roms zu machen. Doch als im Jahr 67 die Kornversorgung und der Überseehandel so stark durch die Piraterie blockiert wurden, dass in Rom Hungersnote ausbrachen, waren die Sorgen des Volkes und besonders der handeltreibenden Ritter größer als die Bedenken der misstrauischen Optimaten. Die Volksversammlung beschloss auf Antrag des Volkstribuns Aulus Gabinius ein den gesamten Mittelmeerraum umfassendes Kommando für drei Jahre, ausgestattet mit außerordentlicher Befehlsgewalt und Geldmitteln. Pompeius wurde zum Feldherrn gewählt, und der Erfolg stellte sich schnell ein. In nur 40 Tagen hatte Pompeius die Seeräuber eingekreist und ihre Hauptmacht vor der kilikischen Küste besiegt.

Doch noch war die Sicherheit der östlichen Provinzen nicht gänzlich wiederhergestellt. Der optimatische Feldherr Lucullus hatte Mithridates von Pontos bis nach Armenien zurückgedrängt und dessen Truppen geschlagen, den König selbst aber erneut nicht zu fassen bekommen. Außerdem war er nicht sonderlich beliebt unter seinen Soldaten. Da Pompeius sich ohnehin im Osten aufhielt und sich glänzend bewährt hatte, erwirkte der Volkstribun Manilius, dass ihm der Oberbefehl gegen den Pontoskönig und dessen Verbündeten Tigranes von Armenien übertragen wurde. Dies bedeutete gleichzeitig die Ablösung des Lucullus, der dem Aufsteiger diese Schmach nie verzieh. Doch erneut sprachen die Erfolge des Pompeius für sich. Schnell besiegte er die letzten Truppen des Königs und trieb ihn in den Selbstmord.

Danach nutzte er seinen Aufenthalt im Osten zu einer grundlegenden Neuordnung der Region. So schuf er aus dem Flickenteppich unterschiedlicher Territorien eine klare Unterteilung zwischen küstennahen Gebieten direkter Herrschaft (in Form von Provinzen) und Gebieten indirekter Herrschaft unter loyalen Regenten, die sich landeinwärts an die Provinzen anschlossen und deren Schutz übernehmen sollten. Ferner gliederte er die Provinzen in überschaubare Verwaltungsregionen und stärkte durch Neugründungen das Städtewesen. Die wichtigste Maßnahme bestand allerdings darin, dass er sich den Menschen des griechischen Ostens als ein fürsorglicher Patron präsentierte, der sich für sie sogar (ähnlich wie Lucullus in *Asia*) gegen die Übergriffe der Steuerpächter einsetzte. Pompeius wollte für die Untertanen eine Appellationsinstanz sein, die weder die kurzfristig amtierenden Statthalter noch der ferne Senat in Rom übernehmen konnte. Pompeius erschien wie ein zweiter Alexander und wurde im griechischen Osten überschwenglich gefeiert.

In Rom bedeuteten seine Erfolge jedoch eine weitere Belastung für den inneren Frieden. Denn mit den außerordentlichen Kommandos und der enormen Ausweitung der ›Reichsklientel‹ des Pompeius war eine Form der Macht etabliert, die zwar den Erfordernissen des Weltreichs entsprach, aber in der römischen Verfassung nicht vorgesehen war. Sicherlich war es auch früher in besonderen Krisensituationen (wie im Krieg gegen Hannibal) vorgekommen, dass man gegen die Regeln der Ämterlaufbahn Kommandos an militärisch qualifizierte Kandidaten vergab. Doch geschah das mit Zustimmung des Senats. Die außerordentlichen Kommandos der späten Republik wurden aber sämtlich gegen die Senatsmehrheit durch Gesetzesanträge von Volkstribunen eingerichtet. Auch hier zeigt sich die Überforderung des republikanischen Systems: Das Volkstribunat, das in den Jahrhunderten zuvor eng mit dem Senat zusammengearbeitet hatte, wurde nun nicht nur zum Träger einer unabhängigen, die Optimaten provozierenden Reformpolitik, sondern auch zum entscheidenden Wegbereiter neuer militärischer Gewalten, die vom Senat nicht mehr zu kontrollieren waren.

Es waren nun aber gerade diese außerordentlichen militärischen Gewalten, die überhaupt noch in der Lage waren, Reformen durchzusetzen. Sulla hatte dies für den Bereich der Innenpolitik getan, Pompeius verfolgte durch die Neuordnung des Ostens grundlegende Änderungen in der Außen- und Reichspolitik. Das entscheidende Problem bestand jedoch darin, dass er seine Neuordnung ohne Auftrag und Zustimmung des Senats durchgeführt hatte. Nach seiner triumphalen Rückkehr aus dem Osten verweigerte ihm deshalb die Mehrheit der Senatoren unter Führung seines alten Gegners Lucullus die Anerkennung. Die Gründe ähnelten denen, die viele Optimaten zu Gegnern der außerordentlichen Kommandos gemacht hatten: Sorge um eine zu große Machtstellung eines einzelnen, der im Osten schaltete und waltete wie ein Monarch; ferner

Rachegelüste (Lucullus) sowie überhaupt Neid und Konkurrenzdenken gegenüber einem erfolgreichen Aufsteiger, der keine ordentliche Ämterlaufbahn aufzuweisen hatte, sondern im Schatten der sullanischen Bürgerkriege an die Macht gekommen war.

Das sogenannte Erste Triumvirat und der Aufstieg Caesars

Die selbstbewusste Haltung des Senats gegenüber dem größten Feldherrn seiner Zeit rührte auch daher, dass man einen inneren Unruheherd wider Erwarten aus eigener Kraft unter Kontrolle gebracht hatte. Im Jahr 63 war es Lucius Sergius Catilina gelungen, Verschuldete und im Kampf um die staatlichen Spitzenpositionen Gescheiterte um sich zu sammeln (Quelle 13). Seine Ziele sind bis heute nicht ganz klar, auf jeden Fall ist die sogenannte Catilinarische Verschwörung auch ein Symptom der innenpolitischen Verwerfungen, die vor verschuldeten Adelsfamilien nicht haltmachten. Vom Konsul Cicero als angeblicher Aufrührer enttarnt und in die Enge getrieben, floh Catilina zu Rebellen nach Etrurien. Diese wurden jedoch von einer senatorischen Armee geschlagen. Damit hatte der Senat bewiesen, dass er auch ohne Pompeius, der offensichtlich selbst das Kommando gegen die Catilinarier erhofft hatte, handlungsfähig war. Unter Führung des Lucullus zögerte man die Ratifizierung der von Pompeius getroffenen Neuordnungen hinaus.

Doch anders als Sulla reagierte der Brüskierte nicht mit Gewalt, sondern wählte den politischen Kampf. Verbündete fanden sich in Marcus Licinius Crassus, dem reichsten Mann der Zeit, und in Gaius Iulius Caesar, einem glänzenden Redner und ehrgeizigen Popularen. Beide versprachen sich von Pompeius Rückendeckung für ihre eigenen Pläne: Auch sie wollten ein großes Kommando, benötigten dazu aber die Wählerstimmen der pompeianischen Veteranen und das Prestige des gro-

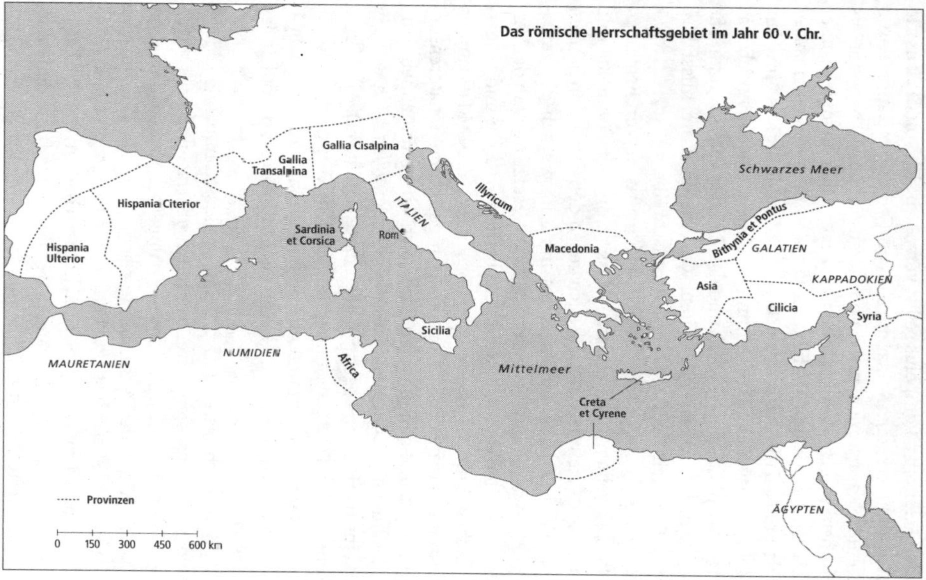

Das römische Herrschaftsgebiet im Jahr 60 v. Chr.

ßen Feldherrn. Pompeius selbst versprach sich von Crassus die Versorgung seiner Soldaten und von Caesar die Ratifizierung seiner Maßnahmen im Osten. Dem konnte Caesar nur als Konsul gerecht werden, und dafür taten sich die drei Männer zu einem privaten Wahlbündnis zusammen, das man später als Erstes Triumvirat bezeichnete. Solche Bündnisse im Vorfeld von Wahlen hatte es immer gegeben. Ungewöhnlich waren das politische Gewicht und das Ziel der Vereinbarung: »Es solle nichts im Staat geschehen, was einem der drei missfalle«, wie Sueton in der Caesar-Vita (19,2) schreibt.

Am 1. Januar 59 trat Caesar das Konsulat an. Von Beginn an ließ er keinen Zweifel daran, dass er die mit Pompeius und Crassus vereinbarten Ziele auch gegen den Senat durchsetzen werde: Mit Hilfe der Volksversammlung wurden die Verfügungen des Pompeius bestätigt. Ackergesetze dienten der Versorgung der Veteranen und verschafften ärmeren und kinderreichen Bürgern neues Land. Besonders diese Maßnahmen erregten den Zorn der optimatisch gesinnten Senatoren um Lucullus und den jüngeren Cato; auch Cicero war zunehmend desillusioniert über den Zustand der *res publica*, auch wenn er keine tragfähigen Lösungen parat hatte (Quelle 14). Alle Versuche, Caesars Gesetzesanträge auf legalem Weg zu verhindern, wurden mit Gewalt unterdrückt oder einfach missachtet. Spätestens jetzt hatte sich Caesar die Optimaten zu Todfeinden gemacht.

Sein wichtigstes Ziel war ein großes Kommando, wie es Pompeius besessen hatte. Nur durch überragende Kriegserfolge konnte er sich eine loyale Truppe schmieden und seine Macht gegen die Optimaten festigen. So ließ er sich zunächst durch Volksbeschluss (*lex Vatinia*) die Provinzen *Gallia Cisalpina* (das nördliche Italien) und Illyrien (Balkan) mit drei Legionen übertragen. Auf Drängen des Pompeius fügte der eingeschüchterte Senat die *Gallia Narbonensis* (heute: Provence) mit einer weiteren Legion hinzu. Damit verfügte Caesar über ein geeignetes Aufmarschgebiet mit entsprechenden Streitkräften, um erfolgreich Krieg zu führen. Doch im Gegensatz zu den großen Kommandos des Pompeius gab es in seinem Fall keinen Gegner, der das Reich ernsthaft bedrohte. Erstmals suchte sich so der Ehrgeiz eines römischen Politikers ohne außenpolitische Notwendigkeit sein Schlachtfeld selbst. Er fand es im Gebiet der gallischen Stämme nördlich der *Gallia Narbonensis*. Angebliche Hilferufe befreundeter Fürsten, die sich durch den wandernden Stamm der Helvetier bedroht fühlten, boten den Anlass zum Eingreifen. Aus der Hilfsaktion wurde ein brutaler Eroberungskrieg, der nach fünf Jahren mit der Unterwerfung aller gallischen Stämme vom Rhein bis zur Kanalküste endete.

Caesars Krieg gegen Pompeius und die Republikaner

Während Caesar in Gallien Krieg führte, versuchten die Optimaten, sich aus den Fesseln des Triumvirats zu befreien. Die beste Chance erblickte man darin, die Konkurrenz zwischen Pompeius und Caesar zu schüren. Immerhin bedrohten Caesars Erfolge den Ruf des Pompeius als führender Feldherr Roms. Zunächst verhinderte Pompeius' eheliche Verbindung mit Caesars Tochter Iulia mögliche Konflikte. Doch nach deren Tod im Jahr 54 brachen die Gegensätze umso stärker hervor. Als Crassus ein Jahr später auf einem Feldzug gegen die Parther fiel, gab es zwischen den Rivalen keinen Vermittler mehr. Jetzt sahen die Optimaten im Senat ihre Chance, Caesar in die Enge zu treiben und Rache für die erlittene Schmach aus der Zeit seines Konsulats und für dessen zahlreiche Rechtsbrüche zu nehmen. Da sich Pompeius in Rom aufhielt und schon vorher mit Billigung des Senats für Ordnung in der von Straßenkämpfen erschütterten Hauptstadt gesorgt hatte, lag es nahe, mit ihm zu kooperieren.

Pompeius stimmte schließlich dem Plan zu, Caesar unmittelbar nach Ablauf seines Kommandos in Gallien mit einer Prozesswelle zu überrollen. Caesar wollte sich dagegen schützen und strebte direkt im Anschluss an sein Kommando ein neues Konsulat für das Jahr 49 an, um so weiterhin Immunität zu genießen. Doch der Senat bestand darauf, dass sich Caesar als Privatmann in Rom um das Konsulat bewerben müsse, und verlangte von ihm, sein Heer am 1. Januar zu entlassen und sich nach Rom zu begeben. Das war für den Eroberer Galliens mehr als ein Ränkespiel. Aus seiner Sicht verweigerten ihm seine Standesgenossen die Ehren, die er verdiente; und tatsächlich scheinen seine Gegner auf legalem Weg zu keinen Konzessionen mehr bereit gewesen zu sein (Quelle 15). Um die Verletzung seiner Würde (*dignitas*) zu rächen, überschritt Caesar schließlich in der Nacht vom 10. auf den 11. Januar 49 den Rubikon, den südlichen Grenzfluss seiner Provinz *Gallia Cisalpina*, und marschierte wie einst Sulla auf die Hauptstadt zu. Der Bürgerkrieg hatte begonnen.

Seine Gegner hatten Pompeius – als einem von mehreren Prokonsuln – das Kommando über die Truppen in Italien und den Provinzen übertragen. Er zog sich nach Griechenland zurück, um mit Hilfe seiner östlichen Klienten Caesar von der überseeischen Versorgung in Italien abzuschneiden und Zeit für die Mobilisierung seiner Truppen zu gewinnen. Caesar eroberte indessen die spanischen Provinzen und folgte Pompeius ein Jahr später. Im Jahr 48 drängten die Senatoren, die immer noch ein Zusammengehen der beiden Feldherren fürchteten, Pompeius in der Nähe von Pharsalos zur Schlacht. Caesar siegte. Der flüchtende Pompeius wurde in Ägypten ermordet. Drei weitere Jahre benötigte Caesar, um den Widerstand der Pompeianer zu brechen. 45 v. Chr. besiegte er ihre letzte Armee bei Munda in Spanien.

Dictatur und Ermordung Caesars

Noch in der frühen Phase des Bürgerkrieges war Caesar in Rom erstmals zum *dictator* ernannt worden. 46 v. Chr. wurde die Dictatur auf den Zeitraum von zehn Jahren verlängert, ein Jahr später sogar auf Lebenszeit verliehen. Eine solche zeitlich unbefristete Ausnahmestellung brach mit allen Regeln der Verfassung. Auch von der sullanischen Dictatur unterschied sie sich insofern, als mit ihr keine ausdrücklich benannten innenpolitischen Strukturveränderungen verbunden waren. Hatte sie anfangs noch vornehmlich dazu gedient, Wahlen durchzuführen sowie Beamte zu ernennen bzw. zu empfehlen, so sollte sie nun offensichtlich nur seine Alleinherrschaft absichern. Wahrscheinlich hat Caesar sogar die Möglichkeit der Wiedererrichtung des Königtums ausgelotet und versucht, seine Machtstellung göttlich zu legitimieren: Eine Statue Caesars im Tempel des Quirinus trug die Aufschrift »Dem unbesiegten Gott«. Auch wenn er schließlich öffentlich auf die Königswürde verzichtete – es wurde immer deutlicher, dass sich Caesar innerlich von der Republik verabschiedet hatte und anders als Sulla gar nicht mehr an deren Wiederherstellung dachte (vgl. »Kontroversen« 5).

Dagegen sprechen auch nicht die in den sechs Monaten seiner Alleinherrschaft erlassenen Verfügungen; sie waren in erster Linie politisch motiviert und zielten auf die Lösung drängender Probleme wie die grassierende Verschuldung unter den Adligen sowie die Versorgung der Veteranen und der hauptstädtischen Bevölkerung. Seine Kalenderreform und der Plan, das geltende Recht in einer Sammlung zusammenzufassen (Kodifikation), hatten mit der dringend notwendigen innenpolitischen Stabilisierung wenig zu tun. Allein die Erhöhung der Zahl der Beamten- und Priesterstellen reagierte auf die gewachsenen Aufgaben der Reichsverwaltung, sollte aber gleichzeitig seine Anhänger mit attraktiven Posten versorgen. Dass Caesar selbstherrlich in die Wahlen eingriff und die Volksversammlung nur auf seine Initiative über Anträge entscheiden ließ, zeigt das Desinteresse an den alten Institutionen der *res publica*, die für ihn nur noch »ein Nichts, ein Name ohne Körper und greifbare Gestalt« (Sueton, *Divus Iulius* 77) war. Dabei schonte er zwar das Leben seiner adligen Gegner und verzichtete auf Proskriptionen, doch zeigte er damit umso mehr, dass sie allein von seiner Gnade abhängig waren. Das war der entscheidende Grund dafür, dass er am 15. März des Jahres 44 ermordet wurde. Unter den Verschwörern befanden sich viele, die er persönlich gefördert hatte. Doch gerade die Protektion durch einen Dictator musste erniedrigend sein, weil sie nicht mehr die Spielräume zum selbständigen Aufstieg innerhalb der *res publica* einräumte, die ein *nobilis* auszufüllen gewohnt war.

Erneute Bürgerkriege und das Ende der Republik

Aber auch die Ermordung Caesars stellte die »freie« Republik (*libera res publica*) nicht wieder her, wie die Verschwörer gehofft hatten. Denn sie waren nicht in der Lage, das nach dem Tod des Dictators entstandene Chaos zu ordnen. Insbesondere gelang es ihnen nicht, die caesarischen Veteranen auf sich einzuschwören. So nutzten Marcus Antonius und Marcus Aemilius Lepidus, zwei der engsten Vertrauten Caesars, die Situation, um sich in Stellung zu bringen. Noch komplizierter wurde die Situation, als Gaius Octavius, der adoptierte Großneffe Caesars, nicht nur in der Hauptstadt erschien, um seinen Erbanspruch durchzusetzen, sondern sich ebenfalls gegen die Attentäter stellte. Die Caesarmörder hatten sich inzwischen aus Rom in die östlichen Provinzen zurückgezogen. Vergeblich versuchte der Senat unter Führung Ciceros, die Caesarianer gegeneinander auszuspielen. Als sich jedoch wider Erwarten Antonius und Oktavian, die beiden Hauptkontrahenten um die Macht und das caesarische Erbe, einigten und zusammen mit Lepidus eine formelle Militärdictatur auf fünf Jahre errichteten (das »Zweite Triumvirat«), schienen die Caesarmörder und mit ihnen der republikanisch gesinnte Senat völlig zurückgedrängt; er wurde schließlich auch physisch so weit dezimiert, dass er als Machtfaktor endgültig ausschied: Rund 300 Senatoren und 2000 Ritter fielen den folgenden Proskriptionen zum Opfer, darunter auch Cicero, der bis zum Schluss verzweifelt die Fahne der Republik hochgehalten hatte. Im Herbst 42 besiegten dann die Heere des Antonius und Oktavian die Republikaner in Griechenland (in der Doppelschlacht bei Philippi).

Die Bürgerkriege hatten noch einmal das Dilemma der Republik in aller Klarheit offengelegt. Auf der einen Seite musste die Nobilität ihren Mitgliedern Möglichkeiten zur Mehrung ihres Ansehens und ihres Einflusses einräumen. Auf der anderen Seite gefährdete dieser Konkurrenzkampf den Bestand der Republik, als einzelne *nobiles* immer größere Heere als politisches Druckmittel einsetzten. Sie bestimmten anstelle des Senats die Innenpolitik und fochten schließlich den Kampf um die Alleinherrschaft unter sich aus. Deshalb brachte auch der Sieg über die Republikaner keine Ruhe: Die Rivalität um die Macht unterminierte die Aufteilung des Imperiums unter den drei Militärbefehlshabern. Als erster schied Lepidus aus, als sein Kommandobereich im Jahr 40 zunächst auf die afrikanischen Provinzen beschränkt wurde und er drei Jahre später sämtliche militärischen Befugnisse verlor. Der Mittelmeerraum war seitdem in zwei große Machthälften geschieden: Im Osten regierte Antonius zusammen mit der letzten hellenistischen Herrscherin Kleopatra von Ägypten aus, im Westen herrschte Oktavian. Der Entscheidungskampf um die Alleinherrschaft wurde vor allem von Oktavian propagandistisch vorbereitet und endete schließlich mit der Niederlage des Antonius und der Kleopatra in der Seeschlacht bei Actium am 2. September 31.

Dass die Republik schon vorher gestorben war, beweist allein die Tatsache, dass beide Kontrahenten nach Ablauf der Triumviratszeit illegitime Militärpotentaten waren. Oktavian hat in der Folgezeit alles getan, um die von ihm begründete Neuordnung von dem Geruch der Gewalt zu befreien und sie mit republikanischen Formen zu umhüllen. Doch schon die Zeitgenossen wussten: Die Monarchie ruhte auf der Militärdictatur, und was nach außen als wiederhergestellte Republik daherkam, war eine auf militärischer Gewalt fußende Alleinherrschaft.

II Kontroversen

Anders als in der Neueren Geschichte und der Zeitgeschichte entwickeln sich Kontroversen zur Antike und speziell zur Römischen Republik nur selten aus neu entdeckten Quellen oder Dokumenten, sondern aus veränderten Fragestellungen und Perspektiven. Häufig werden Anregungen der Politikwissenschaft oder aktuelle Entwicklungen aufgenommen, wie z.B. der Aufstieg und Fall großer Imperien oder die Globalisierung, und mit den bekannten Quellen konfrontiert.

1 Der Ausbruch des 2. Makedonischen Krieges – ein Testfall für den römischen »Imperialismus«?

Der Entschluss Roms, ein Jahr nach dem Sieg über Hannibal erneut in den Krieg gegen Philipp V. von Makedonien zu ziehen, ist für viele Forscher ein Schlüsselereignis für die Frage, ob sich die Republik bereits im 2. Jahrhundert zu einer imperialistischen Macht mit einer aggressiven und expansionswilligen Außenpolitik entwickelt hatte. Eine ältere Position, die auf den größten modernen Rom-Historiker, Theodor Mommsen, zurückgeht (1976, 307f.; Diskussion bei Meister 1999, 83f.), verneint eine solche imperialistische Haltung u.a. mit dem Hinweis, dass Rom in den folgenden 50 Jahren entgegen den Erwartungen der griechischen Welt nach jedem (siegreichen) Krieg im Osten seine Legionen bis auf den letzten Mann zurückgezogen und auf die Einrichtung direkter Herrschaftsgebiete (Provinzen) verzichtet hätte. Der Krieg gegen Philipp, der sich nach der Niederlage bei Cannae mit Hannibal verbündet hatte, sollte lediglich Italien vor einer Machterweiterung der Makedonen schützen (Heftner 1997, 320f.) und einem Angriff auf Süditalien (wie dem des Pyrrhos) zuvorkommen. Man bezeichnet ein solches Vorgehen als Präventivkrieg (Dahlheim 1994, 369; Huttner 2008, 89); übertragen auf die gesamte Außenpolitik Roms spricht man auch von einem »defensiven Imperialismus«, also einer Eroberungspolitik, die nicht aus einem bewussten Expansionswillen, sondern aus der beständigen Sorge erwuchs, das eigene Kernland (Italien) sei bedroht und müsse durch einen Angriff auf den Aggressor geschützt werden (Meister 1999).

Die Gegner dieser These weisen auf den inneren Widerspruch eines »defensiven Imperialismus« hin und suchen die schon in der Antike belegte Vorstellung, die Republik sei uneigennützig zum Schutz ihrer selbst oder ihrer Bundesgenossen in den Krieg gezogen, als eine die wahren Motive und Umstände verschleiernde Konstruktion zu entlarven. Tatsächlich sei die römische Gesellschaft hoch militarisiert und das Selbstverständnis der Nobilität von einem so starken Bedürfnis nach militärischem Ruhm geprägt gewesen, dass ihre Außenpolitik immer wieder unweigerlich in Angriffskriege gemündet hätte (Harris 1979). Hinzu kommt ein gewichtiges ökonomisches Antriebsmoment, konnte doch die römische Oberschicht in hohem Maße von der Beute und den Kriegsgewinnen profitieren und ihre herausragende Stellung im Innern zementieren. Übertragen auf die konkrete Situation vor dem 2. Makedonischen Krieg bedeutet dies, dass man die ›Hilferufe‹ der griechischen Verbündeten allzu gerne als Vorwand nahm, um im reichen Osten den römischen Einflussbereich zu erweitern und seinem ›Großmachtgehabe‹ zu frönen (Jehne 2006, 58f.). Demgegenüber sei das angebliche Ziel, Philipp für seine Kooperation mit Hannibal zu bestrafen sowie der Machterweiterung des Makedonen infolge der Schwäche Ägyptens zuvorzukommen, nur die offizielle Formel gewesen, hinter der sich die wahren Ziele verbargen. Einige Forscher gehen sogar so weit, die Vereinbarung zwischen Philipp und Antiochos zur Aufteilung des ptolemäischen Einflussgebietes als Erfindung romfreundlicher Historiker abzutun.

In jüngster Zeit bemüht man sich, von der Frage einer konkreten Kriegsschuld Roms abzusehen und das römische Ausgreifen unter politologischen Kriterien stärker in die gesamtmediterrane Machtpolitik einzuordnen. Demnach sei die Republik nur einem bekannten Muster gefolgt, wonach der Zusammenbruch eines machtpolitischen Gleichgewichts in einem bestimmten Raum (hier: im mediterranen Osten) automatisch das Eingreifen einer dritten Macht (Rom) nach sich zöge und die Situation nur durch dieses Eingreifen wieder unter Kontrolle gebracht werden könnte (Eckstein 2006, 4ff.; skeptisch Huttner 2008, 89). Sicherlich wird man bei der Frage der Ostkriege darüber hinaus noch weitere, bisher zu wenig beachtete Zusammenhänge prüfen können, etwa die Frage, inwieweit Rom eigentlich – unabhängig von dem Militarisierungsgrad seiner Gesellschaft – allein zur Sicherung der für die Hauptstadt lebensnotwendigen Getreideimporte auf stabile Verhältnisse im ostmediterranen Raum angewiesen war und deshalb meinte, eingreifen zu müssen.

2 Der Charakter der republikanischen Herrschaft – oder: herrschte Rom über ein »Reich«?

Eng verbunden mit den Motiven und dem Charakter der römischen Eroberungspolitik ist die Frage, ab wann man eigentlich in der republikanischen Zeit objektiv und im Bewusstsein der Zeitgenossen von einem zusammenhängenden »Reich« bzw. einem echten Imperium sprechen kann. Moderne Karten mit ihren klar umrissenen großflächigen Einfärbungen suggerieren ja ein solches dichtes Herrschaftsgefüge, das sich aus den einzelnen Provinzen zusammensetzt und bis zum Ende der

Republik stetig wuchs, bis es fast das gesamte Mittelmeergebiet umfasste. Moderne Forscher (Bernstein 2010) weisen nun freilich darauf hin, dass zu einem echten Reich mehr gehört als nur die militärische Eroberung und die Einsetzung eines Statthalters, nämlich auch der Wille, Herrschaft über große Territorien nach klaren und langfristigen Maximen zu gestalten sowie die schwierigen Aufgaben, die sich hieraus ergeben, auch zu bewältigen. Die Elite Roms habe dagegen ihre Provinzen in erster Linie als Ausbeutungsobjekt für den innenpolitischen Konkurrenzkampf und im Bürgerkrieg zum Aufmarsch ihrer Truppen benutzt, ohne sich sonderlich um die Belange der Untertanen zu kümmern und eine konstruktive herrschaftliche Verantwortung zu entwickeln. Der Begriff *Imperium* bedeutete vor Augustus lediglich »Befehl« oder »Befehls-/Kommandogewalt«, aber nicht »Reich« im modernen Sinne. Demgegenüber konzedieren zwar andere Gelehrte (Baltrusch 2011), dass die Republik aus strukturellen Gründen kein »einheitliches« Reich aufzubauen in der Lage war (das gelang erst Augustus), doch immerhin hätten einzelne prominente Römer wie Pompeius und Lucullus als Patrone der östlichen Provinzen sehr wohl ein Verantwortungsgefühl entwickelt und deren Einwohner sogar vor den römischen Steuerpächtern geschützt. Im übrigen hätten nichtrömische Beobachter wie der Grieche Polybios die Expansion der Tiberstadt über die gesamte Oikumene (die damals bekannte Welt) tatsächlich als Prozess der Reichsbildung verstanden; der jüdische Verfasser des Makkabäerbuches bescheinige den Römern echtes Interesse an »kleineren« Bündnispartnern. Schon die Republik hätte mit ihrer Expansion die Idee einer Friedensmission verbunden, an die dann Augustus anknüpfen konnte.

Letztlich haben beide Positionen nicht unrecht, gewichten jedoch bekannte Phänomene unterschiedlich. Entscheidend ist die Frage, welche Kriterien man für das Vorhandensein eines

»Reiches« anlegt. Die moderne Perspektive muss dabei auch den innerantiken Vergleich berücksichtigen, und vor diesem Hintergrund bleibt es ein erstaunliches Phänomen, dass die Republik mit einem so begrenzten Administrationsaufwand so große Gebiete unter Kontrolle halten konnte, ob diese nun in ihrer Gesamtheit ein zusammenhängendes Reich bildeten oder nicht.

3 Die Lage der Bauern vor den Reformversuchen der Gracchen

Unbestritten gelten die Reformversuche der Gracchen als ein Markstein in der krisenhaften Entwicklung der Späten Republik; für viele stellen die Ackergesetze des Tiberius den Beginn der Römischen Revolution dar. Nach traditioneller und bis heute vielfach vertretener Auffassung reagierten diese Gesetze auf die (seit den Hannibalkriegen) wachsende Not der italischen Kleinbauern. Ihre wirtschaftliche Situation wurde durch die lange Abwesenheit vom Hof infolge außeritalischer Kriegseinsätze sowie durch die Unfähigkeit, sich auf ›modernere‹ Produktionsmethoden umzustellen, immer schwieriger. Demgegenüber konnten die Großgrundbesitzer weite Flächen brachliegenden Staatslandes (*ager publicus*) okkupieren und mit billigen Sklaven bewirtschaften. Im Laufe dieses Prozesses mussten viele Kleinbauern den Großgrundbesitzern weichen; sie gaben ihr Land auf und zogen in die Städte, wo sie eine neue Schicht des landlosen Proletariats bildeten (Dahlheim, 1994, 387–392; Huttner 2008, 107; Schneider 2010, 317).

Dieses durchweg auf einschlägigen Quellen griechischer Schriftsteller des 1. und 2. Jahrhunderts beruhende Bild (Quelle 10; s. Meister 1999, 123 ff.) ist in den letzten Jahrzehnten vor allem aufgrund neuer archäologischer Erkenntnisse differenziert oder sogar gänzlich verworfen worden. Zwar konzediert man, dass die Großgrundbesitzer in weit höherem Maße von den Umwälzungen des 2. Jahrhunderts v. Chr., also dem billigen Import von Sklaven sowie der Okkupation von *ager publicus* und von entsprechend neuen Bewirtschaftungsmethoden (Weidewirtschaft, Öl und Wein) profitierten, doch habe diese Entwicklung weder flächendeckend noch notwendig zu einer Verdrängung des Kleinbauerntums geführt. Tatsächlich war Italien bis in das 1. Jahrhundert v. Chr. zu großen Teilen von kleinbäuerlichen Betrieben geprägt gewesen; grundsätzlich konnten der Großgrundbesitz und der Hof des Kleinbauern durchaus nebeneinander existieren und sich sogar gegenseitig ergänzen, indem z. B. die Großgrundbesitzer zu bestimmten Zeiten auf die Arbeitskraft der kleineren Gehöfte zurückgriffen und ihnen so zusätzliche Beschäftigung sicherten (Heftner 2006, 38).

Die eigentliche Ursache der Proletarisierung zumindest eines Teils der Bauern sei woanders zu suchen. Und hier hat die Demographie (Bevölkerungsgeschichte) in Zusammenhang mit archäologischen Flächenuntersuchungen zu neuen Erklärungen geführt (Rosenstein 2012). Demnach müsse man sich zunächst von der Vorstellung verabschieden, die Bauern seien durch den langjährigen Kriegsdienst unter Druck geraten; gerade umgekehrt konnte der Legionärsdienst des Sohnes die bäuerliche Familie von zusätzlichen Essern entlasten und den Kriegsheimkehrer im Erfolgsfalle sogar mit Beute belohnen. Auch sei der Vorteil der neuen Produktionsmethoden für die Großgrundbesitzer bei weitem nicht so bedeutend gewesen. Entscheidend war vielmehr die allgemeine Bevölkerungsentwicklung nach dem Hannibalkrieg: Die hohen Kriegsverluste hatten zunächst den Effekt, dass die überlebenden Bauernsöhne einen gewissen Wohlstand genossen und die Freiheit hatten, unattraktives Land nicht zu bewirtschaften oder sogar bestehende Siedlungen zu verlassen. Als jedoch die Geburtenrate wieder stieg, gab es mittelfristig viele Römer, die von der günstigen Entwicklung nicht mehr profitieren konnten. Denn sie waren nun gezwungen, weniger gutes Land zu bearbeiten, unselbständige Landarbeit anzunehmen oder – was zunehmend attraktiv erschien – nach Rom zu ziehen, wo sie das Heer der Unterbeschäftigten vermehrten (Rosenstein 2012, 111). Diese wurden zu entscheidenden Anhängern des Tiberius Gracchus, und inbesondere ihre Lage hatte er im Auge, als er die Ackergesetze beantragte.

4 Der Bundesgenossenkrieg und die Motive der Aufständischen

Der Krieg zwischen der Republik und ihren italischen Bundesgenossen stand lange im Schatten der großen innenpolitischen Krisenphänomene. Tatsächlich hat er die bisher nach außen so erfolgsverwöhnte Republik noch einmal in ihren Grundfesten erschüttert. Der unter Aufbietung aller Kräfte geführte Krieg zeigt zudem, dass die Vorstellung eines durch Verträge stabilisierten, gedeihlichen Verhältnisses zwischen Rom und den übrigen Bewohnern Italiens so nicht stimmen kann. Dementsprechend haben sich auch Thesen über die Motive, welche die »Bundesgenossen« in den Krieg trieben, gewandelt. Die traditionelle Auffassung ging davon aus, dass die Mehrheit der Aufständischen das römische Bürgerrecht anstrebte, um Benachteiligungen zu entgehen und an den Früchten der römischen Herrschaft teilzuhaben (Dahlheim 1994, 402f.; Meister 1999, 177; Schneider 2010, 325). Ihr Ziel sei die Integration in und die Teilhabe am politischen System der Römischen Republik gewesen.

Den Vertretern dieser Position wirft eine jüngere Generation von Forschern vor, die Verhältnisse zu stark von ihrem Ergebnis her, nämlich der letztendlichen (militärisch erzwungenen) Einigung Italiens zu interpretieren und sich dabei vom Ideal der nationalen Einigungskriege des 19. Jahrhunderts leiten zu lassen (Linke 2005, 101; Jehne 2006, 93). Tatsächlich hätten die Italiker gar keinen Grund gehabt, das römische Bürgerrecht und damit eine Einigung Italiens zu erstreben; eine kritische Durchsicht der literarischen und numismatischen Quellen (s. Bild und Interpretation bei Huttner 2008, 123) weise vielmehr darauf hin, dass das Ziel der Bundesgenossen nicht die Integration, sondern die Loslösung von der römischen Vorherrschaft, vielleicht die Vernichtung Roms, in jedem Fall die Bildung eines Staatenbundes gewesen sei, der ihnen ihre Identität als unabhängige italische Gemeinden sowie souveräne Entscheidungen in allen innen- und außenpolitischen Fragen beließ (Linke 2005, 101 f.; Jehne 2006, 94).

So notwendig diese Korrektur einer einseitig auf Teilhabe gerichteten Motivlage ist, sie muss die Tatsache erklären, dass Rom zu Beginn und im Verlauf des Krieges die Front seiner italischen Gegner gerade damit aufbrechen und die loyal Gebliebenen an sich binden konnte, indem es ihnen korporativ (als Gemeinde) das volle Bürgerrecht in Aussicht stellte und tatsächlich auch verlieh (Bringmann 2003, 59 f.; Schneider 2010, 325). Ungeachtet dessen, dass dieses Angebot als Ultimatum an Unentschiedene gedacht war und sie vor die Entscheidung ›Krieg oder Frieden‹ stellte, lässt sich doch der Erfolg dieser Politik nur damit erklären, dass für viele Bundesgenossen das Bürgerrecht als ›Köder‹ funktionierte (Huttner 2008, 124). Die Aufnahme in den römischen Bürgerverband war demnach offensichtlich doch eine erwägenswerte Alternative. Aufzulösen ist dieser Widerspruch wohl nur mit der Annahme, dass die Vorstellungen und Ziele der Italiker sich schwer auf einen gemeinsamen Nenner bringen ließen und sehr viel heterogener waren, als man angesichts der antiken Quellen zunächst vermuten könnte. Dieses Bild entspricht wiederum jüngeren Forschungen zum römischen »Bundesgenossensystem«, das man heute viel stärker als einen von Lücken, wirtschaftlichen und kulturellen Unterschieden sowie politischen Dissonanzen geprägten Flickenteppich ansieht.

5 Der Dictator Caesar und die Republik

Über Caesar – so möchte man meinen – ist alles gesagt, doch jährliche Neupublikationen, Filme und Fernsehreihen bekunden eine nicht nachlassende Faszination des Mannes, der nicht nur Gallien eroberte, sondern kompromisslos seine Interessen auch im Innern verfolgte und wie kein anderer für den Untergang der Republik steht. Nicht von ungefähr beschäftigt die Forschung seit Jahren immer wieder die Frage, wie Caesar eigentlich zur Republik als Staatsform stand: War er zumindest während der kurzen Zeit der Dictatur ein aktiver Gestalter einer neuen Ordnung (Jehne 1987) oder ein von den Verhältnissen Getriebener, der sich seiner Außenseiterrolle bewusst war, aber sich wie seine Zeitgenossen ohnmächtig gegenüber einer »Krise ohne Alternative« (Meier 1977) zeigte? Eng verbunden mit diesen Problemen ist die Frage, welche Stellung Caesar für sich in der von ihm geplanten Ordnung beanspruchte. Auf der einen Seite gibt es Forscher, die aus der minutiösen Interpretation sämtlicher Quellenhinweise die Umrisse eines neuen »Staates« und aus seinen Regierungshandlungen die »dauerhafte Umformung [der Republik] in ein autokratisches Regime« erkennen (Jehne 1987). In dieser Perspektive wäre Caesar ein »notwendiger« Vorläufer der mit Augustus einsetzenden Monarchie. Manche weisen allerdings darauf hin, dass er anders als später Augustus seine Macht nicht tarnte und lange Zeit sogar die Annahme des in Rom verfemten Königstitels in Betracht zog, bevor er erkannte, dass dies nicht durchzusetzen war (Will 2009).

Eine dritte Meinung, die sich von allen Thesen einer strukturellen Neuordnung absetzt (eine vermittelnde Position nimmt Heftner 2008, 192 ein), vertritt Dahlheim (2005, 50). Demnach hätte Caesar jegliche Mühen, die mit dem Regierungsalltag in Rom verbunden und mit der Gestaltung einer wie auch immer gearteten Ordnung verbunden gewesen wären, längst nicht mehr als erstrebenswertes Ziel erachtet, egal ob er dazu in der Lage gewesen wäre oder nicht. Was ihn umtrieb, war nichts anderes als der Krieg, also das Feld, in dem er sich über Jahrzehnte als Meister bewährt und seine Erfüllung gefunden hatte. Hinter dieser Deutung steht nicht der ohnmächtige, gegenüber der verfahrenen inneren Situation resignierende Dictator, sondern der desillusionierte Kriegsmann, für den die Republik ohnehin – wie er selbst gesagt haben soll – »ein Nichts« war. Trifft diese Interpretation zu, dann reduzieren sich alle Änderungen, mit denen Caesar Ordnung in die Republik bringen wollte (wie die Kalenderreform oder die Rechtskodifikation) auf notwendige, aber für das Überleben der *res publica* im Innern nicht entscheidende Korrekturen, und Caesar wird vom bemühten ›Staatsmann‹ zum hellsichtigen Realisten, der längst wusste, dass die Republik nicht mehr lebensfähig war und nach seinem Tod in weiteren Bürgerkriegen untergehen werde.

III Quellen

1
Das sogenannte *foedus Cassianum* (Dion. Hal. 6,95,2)

Der Vertragstext wurde von dem griechischen Geschichtsschreiber Dionysios von Halikarnassos (6,95,2) überliefert; in der Späten Republik konnte man die Urkunde noch auf einer bronzenen Säule auf dem Forum Romanum sehen. Der Text stammt wahrscheinlich aus der Mitte des 4. Jahrhunderts v. Chr.

Es soll Friede herrschen zwischen Rom und den gesamten latinischen Städten, solange Himmel und Erde den gleichen Stand haben. Sie sollen sich weder selber gegenseitig bekriegen, noch von auswärts Kriege einführen, noch Angreifern sichere Zuwege überlassen.

Sie sollen den Angegriffenen mit ganzer Kraft Hilfe leisten.

Die Beute aus gemeinsamen Kriegen soll gleichmäßig unter die beiden Parteien verteilt werden.

Entscheidungen in privaten Handelsfällen sollen an dem Tag des Vertragsschlusses innerhalb von zehn Tagen gefällt werden.

Diesen Vertragsbedingungen darf nur mit gemeinsamer Zustimmung der Römer und der Latiner etwas hinzugefügt oder gestrichen werden.

D: Robert M. Ogilvie: Das frühe Rom und die Etrusker. Übers. von Irmingard Götz. München 1983. (dtv Geschichte der Antike.) S. 107. – © 1983 Deutscher Taschenbuch Verlag, München.

2
Der erste Vertrag zwischen Rom und Karthago (Pol. 3,22,4 ff.)

Der Geschichtsschreiber Polybios (um 200–120) war ein hoher General des Achäischen Bundes und nach dem Sieg der Römer bei Pydna an den Tiber gekommen. Hier kam er in engeren Kontakt mit dem Adelshaus der Scipionen und verfasste eine Weltgeschichte *in vierzig Büchern, die ganz von der Bewunderung für den römischen Machtaufstieg geprägt war. Der Text des Karthagervertrages gilt als authentisch. Seine Datierung durch Polybios ist allerdings mit Sicherheit falsch. Wahrscheinlich gehört er in die erste Hälfte des 5. oder des 4. Jahrhunderts v. Chr. Der politische Kontext legt eine spätere Datierung nahe.*

Unter folgenden Bedingungen soll Freundschaft bestehen zwischen den Römern und ihren Bundesgenossen auf der einen Seite und den Karthagern und ihren Bundesgenossen auf der anderen Seite. Die Römer und ihre Bundesgenossen sollen nicht über das Schöne Vorgebirge [wahrscheinlich das Kap Farina nördlich von Karthago] hinausfahren, außer wenn sie durch einen Sturm oder durch Feinde dazu gezwungen werden. Wenn aber jemand gewaltsam verschlagen wird, soll es ihm nicht erlaubt sein, etwas zu kaufen und zu nehmen, außer was zur Reparatur des Schiffes oder zu Opferhandlungen gebraucht wird. Innerhalb von fünf Tagen soll er wieder abfahren. Wer aber kommt, um Handel zu treiben, soll kein Geschäft abschließen können, ohne einen Marktordner oder Finanzinspektor hinzuzuziehen. Der Kaufpreis für das, was in ihrer Gegenwart gekauft wird, soll durch eine staatliche Bürgschaft dem Verkäufer geschuldet werden, wenn der Verkauf entweder in Libyen oder in Sardinien stattfindet. Wenn ein Römer nach Sizilien kommt, soweit es zum Hoheitsgebiet der

Karthager gehört, sollen die Römer in allem die gleichen Rechte haben wie alle anderen. Die Karthager sollen keine Übergriffe machen gegen das Volk von Ardea, Antium, Laurentium, Circeii, Terracina [Städte an der italischen Westküste] und auch gegen kein anderes Volk der Latiner, soweit es von den Römern abhängig ist. Wenn aber einige Völker nicht von Rom abhängig sind, sollen sich die Karthager von ihren Städten fernhalten. Wenn sie aber eine einnehmen, sollen sie sie den Römern unversehrt herausgeben. Sie sollen in Latium keine Befestigung bauen. Wenn sie als Feinde in das Land kommen, sollen sie in dem Land nicht [mit einer bewaffneten Truppe] übernachten.

D: Polybios: Historien. Auswahl. Übers., Anm. und Nachw. von Karl Friedrich Eisen. Stuttgart: Reclam, 1973. S. 87.

3
Auszüge aus dem Zwölftafelgesetz

Die Gesetzessammlung wurde in der Mitte des 5. Jahrhunderts niedergeschrieben und öffentlich auf dem Forum aufgestellt. Sie deckte alle Problemfelder der frühen bäuerlichen Gesellschaft Roms ab und blieb bis zum Ende der Republik in Kraft.

Tafel 3:

1. Bei gerichtlich entschiedenen Fällen von eingestandener Geldschuld sollen dreißig Tage (Rückzahlungsfrist) rechtlich zulässig sein.

2. Danach soll alsbald Hand aufgelegt werden (auf den säumigen Schuldner).

3. Vor Gericht soll er (der Gläubiger) ihn führen. Wenn er (der säumige Schuldner) weder dem Gerichtsentscheid nach-

kommt noch jemand vor Gericht für ihn eintritt, soll er (der Gläubiger) ihn mit sich führen und (zu Hause) fesseln entweder mit einem Riemen oder mit Fußketten. Mit fünfzehn Pfund Gewicht wiegenden, keinen schwereren, oder, wenn er (der Gläubiger) es will, leichteren, soll er ihn fesseln.

4. Wenn er (der säumige Schuldner) es will, soll er sich (in der Haft) von Eigenem ernähren. Wenn er sich nicht vom Eigenen ernährt, soll ihm, wer ihn gefesselt hat, ein Pfund Emmer am Tag geben. Wenn er (der säumige Schuldner) es will, soll er (der Gläubiger) ihm mehr geben.

D: Das Zwölftafelgesetz. Leges XII tabularum. Lat./Dt. Hrsg., übers. und komm. von Dieter Flach in Zsarb. mit Andreas Flach. Darmstadt: Wissenschaftliche Buchgesellschaft, 2004. (Texte zur Forschung. 83.) S. 70 f. – © 2004 Wissenschaftliche Buchgesellschaft, Darmstadt.

4
Ideale des Adels (Plin. nat. 7,139–140)

Der kaiserzeitliche Gelehrte Plinius der Ältere gibt in seiner Naturgeschichte *(7,139 f.) eine Zusammenfassung der Leichenrede, die der Nobilis Quintus Caecilius Metellus (Konsul 251 und 247 v. Chr.) im Jahr 221 auf seinen Vater Lucius gehalten hat. Deutlich lassen sich aus ihr die republikanischen Ideale des Adels ablesen.*

Quintus Metellus hat in der Rede, die er bei der letzten Ehrung seines Vaters L. Metellus hielt, der Pontifex, zweimal Konsul, Dictator, Befehlshaber der Reiterei und einer der zur Verteilung von Land erwählten Fünfzehnmänner war und der nach dem 1. Punischen Krieg als erster Elefanten im Triumph mitführte, schriftlich überliefert, dieser habe die zehn höchsten und besten Dinge, deren Erlangung die Weisen ihr Leben widmeten, in sich vereinigt: Er wollte nämlich der erste Krieger, der beste Redner, der tapferste Feldherr sein, weiterhin wollte er, dass unter seinem Oberbefehl die wichtigsten Taten vollbracht würden, dass er die höchsten Ehrenstellen erreiche, die größte Weisheit besitze, als bedeutendster Senator gelte, ein großes Vermögen auf rechte Weise erwerbe, viele Kinder hinterlasse und der Angesehenste in der Bürgerschaft sei. Dies alles sei ihm geglückt und sonst keinem anderen seit der Gründung Roms.

D: Hans-Joachim Gehrke / Helmuth Schneider (Hrsg.): Geschichte der Antike. Quellenband. Stuttgart/Weimar: Metzler, 2007. S. 209. –
© Metzler Verlag, Stuttgart.

5
Tugenden eines *homo novus* (Liv. 39,40)

*Der römische Historiker Titus Livius (59 v. Chr. – 17 n. Chr.) schildert Etappen aus dem Leben des älteren Cato, der 195 v. Chr. als erster seiner Familie (*homo novus*) das Konsulat erreichte (*Römische Geschichte 39,40,4–12*).*

Dieser Mann besaß eine solche Willenskraft und Naturbegabung, dass er sich – ganz gleich aus welchem Stande er auch stammen möchte – aus eigener Kraft seine Stellung im Leben geschaffen hätte. Keine Fähigkeit fehlte ihm, weder zur Gestaltung des privaten Lebens noch für die Aufgaben im Staate; auf die Geschäfte in der Hauptstadt wie auf dem Lande verstand er sich gleich gut. Zu den höchsten Staatsämtern gelangten manche aufgrund ihrer Rechtskenntnis, andere durch ihre Beredsamkeit, wieder andere durch ihren Kriegsruhm; er aber verfügte über eine so vielseitige Naturbegabung gleichmäßig für alle Aufgaben, dass man behaupten könnte, er sei für das besonders geeignet, was er gerade betrieb. Im Kriege zeichnete er sich durch höchste persönliche Tapferkeit aus und war durch viele glänzende Schlachten berühmt; nachdem er zu den hohen Staatsämtern gelangt war, bewährte er sich als der ausgezeichnetste Feldherr; ebenso war er im Frieden, wenn man ihn in Rechtsfragen zu Rate zog, der Sachkundigste, wenn in einem Prozess eine Rede zu halten war, der beste Redner, und zwar nicht nur einer, dessen Worte zu Lebzeiten kraftvoll klangen, ohne dass eine Erinnerung an seine Sprachgewalt noch vorhanden wäre – nein, im Gegenteil; seine Beredsamkeit lebt und wirkt immer noch, verewigt in Schriften aller Art. [...] Allzu viele Feindschaften hielten ihn in Atem, und er selbst strapazierte andere: Es ist nicht leicht zu entscheiden, ob die Nobilität mehr ihm zugesetzt hat oder er der Nobilität. Ohne Zweifel war er ein Rauhbein, in seinen Worten scharf und maßlos freimütig, aber niedrigen Begierden unterlag er nicht, [er war] von rigoroser Redlichkeit, ein Verächter von Beliebtheit und Reichtum. Was Sparsamkeit anbelangt und Ausdauer bei der Arbeit und in Gefahren, so war er beinahe eisern an Leib und Seele; nicht einmal das hohe Alter, das doch sonst alles zum Erschlaffen bringt, konnte seine Kraft brechen: Noch im 86. Lebensjahr führte er in einem Prozess seine Sache selbst, verteidigte sich vor Gericht und zeichnete die Rede auf, als Neunzigjähriger zog er den Servius [Sulpicius] Galba vor das Volksgericht.

D: Res Publica. Texte zur Krise der frührömischen Tradition. Lat./Griech./Dt. Ausgew., übers. und erl. von Rudolf Till. Darmstadt: Wissenschaftliche Buchgesellschaft, 1984. S. 125 f.

6
Polybios über die Schuld am Ausbruch des 1. Punischen Krieges (Pol. 1,10 f.)

Das Werk des Polybios mit dem Titel Historien *verfolgte das Ziel, den Aufstieg Roms zur Weltmacht zu schildern und als welthistorische Mission den Griechen zu erklären. Dementsprechend ist sein Werk durchweg romfreundlich, was auch seine Auswahl der Quellen für den Ausbruch des 1. Punischen Krieges betrifft: Hier hat er zwar sowohl eine prorömische Quelle als auch eine prokarthagische eingesehen. In der wichtigsten Passage zur Frage der Motivation und Kriegsschuld, den Kapiteln 10 und 11 des ersten Buches, benutzt er jedoch ausschließlich den römischen Historiker Fabius Pictor (241–201 v. Chr.).*

(a)

Die Mamertiner […] wollten teils zu den Karthagern ihre Zuflucht nehmen und sich selbst und die Burg in ihre Hände geben, andere aber schickten Gesandte nach Rom, boten die Übergabe der Stadt an und baten, ihnen als Stammverwandten beizustehen. Die Römer waren lange unschlüssig, was sie tun sollten, denn die Inkonsequenz einer solchen Haltung lag offen zutage: Kurz vorher hatten sie ihre eigenen Mitbürger auf das schwerste bestraft und hingerichtet, weil sie Verrat an den Rheginern [Bewohner von Rhegion] verübt hatten; gleich danach aber den Mamertinern zu helfen, die sich in gleicher Weise nicht nur an den Messeniern, sondern auch an Rhegion vergangen hatten, schien ein schwer zu entschuldigendes Unrecht. Sie waren sich hierüber völlig im klaren; da sie aber auf der anderen Seite sahen, dass die Karthager sich nicht allein ganz Libyen, sondern auch große Teile von Iberien [Spanien] unterworfen hatten, überdies alle Inseln im Sardinischen und Tyrrhenischen Meer in ihrer Gewalt hatten, waren sie in schwerer Sorge, sie könnten, wenn sie auch noch die Herrschaft über Sizilien gewönnen, ihnen äußerst gefährliche Nachbarn werden, da sie jene dann eingekreist hätten und Italien von allen Seiten bedrohten. Dass sie aber Sizilien in kurzer Zeit unter ihre Herrschaft bringen würden, wenn die Mamertiner keine Hilfe erhielten, lag klar zutage. Denn wurde ihnen Messene ausgeliefert und waren sie erst Herren dieser Stadt, so stand zu erwarten, dass sie binnen kurzem Syrakus vernichten würden, da sie beinahe über das ganze übrige Sizilien geboten. Dies alles sahen zwar die Römer voraus und erkannten, dass ihnen nichts anderes übrigblieb, als Messene nicht preiszugeben und nicht zuzulassen, dass die Karthager einen Brückenkopf für den Übergang nach Italien gewännen.

Dennoch berieten sie lange hin und her, und der Senat fasste aus den angegebenen Gründen überhaupt keinen endgültigen Entschluss, denn der Widersinn, den eine solche Hilfeleistung für die Mamertiner darstellte, schien den hieraus entspringenden Vorteilen das Gleichgewicht zu halten. Das Volk dagegen, das durch die vorausgegangenen Kriege schwer gelitten hatte und in vielfältiger Weise einer Verbesserung seiner Lage bedurfte, entschied für den Hilfszug, da ihm die Konsuln nicht bloß mit den eben genannten Gründen, den für den Staat aus dem Krieg zu erwartenden Nutzen, sondern für jeden einzelnen ebenso sichere wie große Beutegewinne vor Augen stellten.

D: Zit. nach: Klaus Meister: Einführung in die Interpretation historischer Quellen. Schwerpunkt: Antike. Bd. 2: Rom. Paderborn [u. a.]: Schöningh, 1999. (UTB 2056.) S. 23 f. – © Verlag Ferdinand Schöningh GmbH & Co. KG, Paderborn.

(b) Die karthagische Version: Polybios (3,26) über den sogenannten Philinosvertrag (wohl um 306/305 v. Chr.)

Da nun solche Verträge bestanden, und da sie noch heute auf ehernen Tafeln beim Tempel des kapitolinischen Jupiter in der Schatzkammer der Ädilen aufbewahrt werden, wer sollte sich nicht mit Recht über den Historiker Philinos wundern, [der behauptet], dass nämlich zwischen den Römern und Karthagern ein Vertrag bestanden habe, nach dem die Römer verpflichtet waren, sich von ganz Sizilien fernzuhalten, die Karthager dagegen von Italien, und dass die Römer den Vertrag und den Eid gebrochen hätten, als sie zum ersten Male nach Sizilien hinübergingen? Doch es hat weder jemals etwas schriftlich Niedergelegtes gegeben, noch ist jetzt etwas vorhanden.

D: Polybios: Historien. Auswahl. Übers., Anm. und Nachw. von Karl Friedrich Eisen. Stuttgart: Reclam, 1973. S. 214 f.

7
Der Tag von Eleusis (Pol. 29,27)

Der Seleukidenkönig Antiochos IV. wollte im Jahr 169 v. Chr. den dritten Makedonischen Krieg (171–168) zwischen Perseus und Rom nutzen, um das Ptolemäerreich zu erobern. Der Senat in Rom schickte darauf ein Jahr später eine Gesandtschaft. Das Zusammentreffen in der ägyptischen Grenzstadt Pelusion schildert der Geschichtsschreiber Polybios (29,27).

Als Antiochos gegen Ptolemaios heranzog, um Pelusion zu besetzen, kam ihm der römische Gesandte C. Popilius Laenas entgegen. Der König begrüßte ihn schon von weitem durch lauten Zuruf und streckte die Hand aus. Popilius aber reichte ihm die Schreibtafel, die er bereit hielt und auf der der Senatsbeschluss verzeichnet war, und befahl dem Antiochos, zuerst das Schriftstück zu lesen, wie mir scheint, weil er ihm den Gruß als Zeichen der Freundschaft nicht eher zu entbieten wünschte, als er sich von der Gesinnung des Begrüßenden überzeugt hatte, ob er Freund oder Feind sei. Als der König gelesen hatte, erklärte er, er wolle seinen Freunden das Schreiben mitteilen und sich mit ihnen über die neue Lage beraten. Darauf tat Popilius etwas, was man nicht anders als hart und vollkommen anmaßend bezeichnen kann: Er zog nämlich mit einem Weinrebenstab, der ihm gerade zur Hand war, einen Kreis um Antiochos und befahl ihm, in diesem Kreis seine Antwort auf den Senatsbeschluss zu erteilen. Der König, obwohl befremdet über diesen Vorgang und die Überheblichkeit des römischen Gesandten, zögerte doch nur kurze Zeit und erwiderte dann, er werde alles tun, was die Römer von ihm verlangten. Jetzt ergriffen Popilius und dessen Mitgesandten seine Hand und begrüßten ihn auf das herzlichste. In dem Schreiben hatte gestanden, er solle auf der Stelle den Krieg gegen Ptolemaios beenden. Infolgedessen führte er innerhalb der ihm gesetzten Frist sein Heer nach Syrien zurück, mit Ingrimm und Widerstreben, jedoch für jetzt der Not gehorchend. Popilius und seine Mitgesandten ordneten die Verhältnisse in Alexandria, ermahnten die Könige (Ptolemaios VI. und seinen jüngeren Bruder Ptolemaios VIII.) zur Eintracht, befahlen ihnen, den Polyaratos nach Rom zu schicken, und fuhren dann nach Zypern weiter, um auch die dort stehenden Truppen des Antiochos schleunigst von der Insel zu vertreiben. Die Lage, die sie bei ihrer Ankunft vorfanden, war die, dass die Feldherren des Ptolemaios in einer Schlacht besiegt worden waren und dass auf der Insel alles darüber und darunter ging. Sie veranlassten sofort den Abzug des Heeres und blieben im Lande, bis die Truppen nach Syrien abgefahren waren. In dieser Weise also retteten die Römer das Ptolemäerreich, das schon unmittelbar vor der völligen Vernichtung gestanden hatte, da die Tyche [Glücksgöttin] es so gefügt hatte, dass der Krieg gegen Perseus und die Makedonen rechtzeitig zu Ende ging, um Alexandria und ganz Ägypten, die schon fast völlig am Boden lagen, sich wieder erheben zu lassen. Dies hatte daran gehangen, dass vorher die Entscheidung gegen Perseus fiel. Wäre das nicht geschehen und hätte sich Antiochos nicht von dem römischen Sieg überzeugen müssen, so hätte er schwerlich dem Befehl des Popilius gehorcht.

D: Hans-Joachim Gehrke / Helmuth Schneider (Hrsg.): Geschichte der Antike. Quellenband. Stuttgart/Weimar: Metzler, 2007. S. 177f. –
© 2007 J. B. Metzler'sche Verlagsbuchhandlung, Stuttgart.

8
Römische Dekadenz (Sall. Catil. 10–12)

Das Werk des römischen Historikers Sallust (86–34 v. Chr.) ist recht einseitig von der Vorstellung einer allgemeinen Dekadenz der römischen Elite geprägt. In De coniuratione Catilinae *(10–12) beschreibt er diesen inneren Verfall am Beispiel der sogenannten Catilinarischen Verschwörung.*

Indes, als der Staat durch Anstrengung und Gerechtigkeit gewachsen, gewaltige Könige im Krieg bezwungen, wilde Stämme und ungeheure Völker mit Gewalt unterworfen waren, Karthago, die Rivalin des Römischen Reiches, von Grund auf vernichtet worden war, alle Meere und Länder offenstanden, da begann die Schicksalsgöttin zu wüten und alles durcheinanderzubringen. Leute, die Strapazen, Gefahren, unentschiedene und harte Lagen leicht ertragen hatten, denen wurden die Muße und der Reichtum, sonst wünschenswerte Dinge, zur Last und zum Unglück. Und so wuchs zunächst die Gier nach Geld, dann die nach der Herrschaft; das war gleichsam der Brennstoff für alles Übel. Denn die Habgier untergrub die Verlässlichkeit, die Rechtschaffenheit und die anderen guten Eigenschaften; anstatt ihrer lehrte sie Überhebung, Grausamkeit, die Götter zu vernachlässigen, alles feil zu haben. Der Ehrgeiz zwang viele Menschen, falsch zu werden, anderes verschlossen im Herzen als auf der Zunge bereitzuhalten, Freundschaften und Feindschaften nicht nach wirklichem Wert, sondern nach dem Vorteil einzuschätzen, mehr eine anständige Miene als eine anständige Art zu haben. Dies wuchs zunächst allmählich, wurde bisweilen gestraft; darauf, als die Ansteckung wie eine Pest einbrach, änderte sich der Staat, die Herrschaft wurde aus der gerechtesten und besten zu einer grausamen und unerträglichen.

Indes plagte zunächst in höherem Grade als die Habsucht der Ehrgeiz die Herzen der Menschen, ein Fehler, der doch wertvoller Art noch näher steht. Denn Ruhm, Ehre, herrschende Stellung wünschen sich der Tüchtige und der Untaugliche in gleicher Weise; aber der erste strebt dahin auf dem richtigen Pfade; weil dem letzten die tüchtigen Gaben fehlen, sucht er mit List und Betrug dahinzugelangen. Die Habsucht eifert nach Geld, wonach es noch keinen Weisen gelüstet hat; wie mit bösen Giften durchtränkt, macht sie den Sinn des Mannes weibisch, ist immer ohne Maß und unersättlich, und weder durch Fülle noch durch Mangel wird sie gemindert. […]

Als Reichtum in Ehren zu stehen begann und ihm Ruhm, Befehlsstellung, Macht folgten, begann die Tugend zu erlahmen, Armut für Schande zu gelten, Lauterkeit als Böswilligkeit genommen zu werden. Also ergriffen die Jugend infolge des Reichtums Ausschweifung und Habgier zusammen mit Hochmut: sie raubten, sie prassten, achteten das Eigene gering, begehrten Fremdes, Anstand, Keuschheit, Göttliches und Menschliches ohne Unterschied, nichts war ihnen wertvoll, und sie kannten keine Grenze.

D: Gaius Sallustius Crispus: Die Verschwörung des Catilina. Übers., Anm. und Nachw. von Karl Büchner. Stuttgart: Reclam, 1967. S. 10–13.

9
Rekruten verweigern den Kriegseinsatz (Pol. 35,4,1–9)

Der griechische Historiker Polybios (um 200–120 v. Chr.) schildert, wie sich im Jahr 151 Rekruten dem Kriegseinsatz in Spanien zu entziehen suchten (35,4,1–9). Die Aussagen dürften einen hohen Authentizitätsgrad besitzen, nicht zuletzt weil die Ereignisse in die Lebenszeit des Autors fallen.

Je eifriger der Senat auf die Fortsetzung des Krieges in Spanien aus war, desto unerwarteter für ihn entwickelte sich die Sache. Denn als Quintus, der im vergangenen Jahr das Kommando in Spanien innegehabt hatte, und die, die mit ihm im Felde gestanden hatten, in Rom von den ununterbrochenen Kämpfen, der Höhe der Verluste und dem Kampfesmut der Keltiberer berichteten, Marcellus aber offensichtlich vor dem Krieg zurückschreckte, wurden die jungen Leute von solcher Panik ergriffen, wie sie nach Aussage der Älteren noch nie vorgekommen war. Dieser Ausbruch von Feigheit ging so weit, dass weder geeignete Männer sich für den Militärtribunat meldeten und die Posten unbesetzt blieben, während früher viel mehr Leute sich gemeldet hatten, als gebraucht wurden, noch die von den Konsuln benannten Legaten, die den Feldherren folgen sollten, zum Dienst bereit waren; der Gipfel aber war, dass die jungen Männer sich der Aushebung verweigerten und Ausflüchte gebrauchten, die auszusprechen eine Schande, zu überprüfen unziemlich, zu widerlegen unmöglich war. Als schließlich der Senat und die Magistrate ratlos waren, welches Ende dieses schamlose Verhalten der Jungen – denn mit diesem Wort musste man es aufgrund der Umstände bezeichnen – nehmen würde, stand P. Cornelius auf, der selber ein junger Mann war, aber als Befürworter des Krieges galt […], und erklärte, als er den Senat hilflos sah, man könne ihn als Tribun oder als Legaten mit dem Konsul nach Spanien schicken, er sei zu beidem bereit.

D: Zit. nach: Klaus Bringmann: Krise und Ende der römischen Republik (133–42 v. Chr.). Berlin: Akademie-Verlag, 2003. (Studienbücher Geschichte und Kultur der Alten Welt.) S. 131 f. – © Akademie Verlag, Berlin.

10
Not der Kleinbauern? (App. civ. 1,7,29–31)

Der griechische Historiker Appian (um 90–150 n. Chr.) beschreibt in der Rückschau die Hintergründe der Agrarkrise. Neben Plutarch ist dies die einzige Quelle, die zusammenhängend die Zeit der Gracchen schildert. Heutige Historiker warnen jedoch vor den Pauschalierungen und ungerechtfertigten Verallgemeinerungen des Autors.

Die Reichen nahmen den Großteil dieses nicht aufgeteilten Landes [gemeint ist der *ager publicus*] in Besitz und vertraten im Laufe der Zeit die kühne Meinung, dass niemand mehr ihnen dieses abnehmen könne. Außerdem zogen sie die angrenzenden Landstriche und was sonst an bescheidenem Grundbesitz armer Leute vorhanden war, an sich, teils durch Kauf unter gütlichem Zureden, teils durch gewaltsame Wegnahme. So konnten sie statt kleiner Güter ausgedehnte Latifundien bebauen, wofür sie dann Sklaven als Arbeiter und Hirten einsetzten; das sollte verhindern, dass freie Arbeitskräfte vom Ackerbau zum Heeresdienst abgezogen werden konnten. Gleichzeitig brachte auch dieser Besitz von Sklaven den Reichen großen Gewinn, da jene zahlreiche Kinder hatten und sich wegen der Befreiung vom Kriegsdienst ungefährdet vermehrten. So wurden die einflussreichen Persönlichkeiten steinreich und das Sklavenvolk nahm über das Land hin massenhaft zu, während die Italiker an Zahl und Stärke dahinschwanden und sich in Armut, Steuerabgaben und Feldzügen erschöpften. Konnten sie dann etwas Ruhe von diesen Lasten finden, mussten sie ihre Zeit untätig hinbringen, da sich ja das Land in den Händen der Reichen befand und diese als Landarbeiter statt freier Männer Sklaven einsetzten.

D: Appian von Alexandria: Römische Geschichte. Zweiter Teil: Die Bürgerkriege. Übers. von Otto Veh. Durchges., eingel. und erl. von Wolfgang Will. Stuttgart: Hiersemann, 1989. (Bibliothek der griechischen Literatur. 27.) S. 17f. – © 1989 Verlag Anton Hiersemann, Stuttgart.

11
Der Tod des Gaius Gracchus (App. civ. 1,25f.)

In einem späteren Abschnitt seines Werkes Bellum civile *(1,25f. [107–120]) schildert Appian mit teilweise sehr grellen Farben das Ende des Gaius Sempronius Gracchus, der die Maßnahmen seines Bruders fortführen und ergänzen wollte.*

Und schon war das Volk beisammen, und Fulvius hatte bereits in seiner Rede auf den Gegenstand einzugehen begonnen, als Gracchus, von seinen Anhängern wie von einer Leibgarde begleitet, auf dem Kapitol erschien: Da fiel ihm alles, was er von den schrecklichen Plänen wusste, schwer aufs Herz, und so bog er seitwärts von der Versammlungsstätte ab, betrat die Säulenhalle und ging darin auf und ab, um den weiteren Ablauf der Dinge zu verfolgen. In diesem aufgewühlten Zustand erblickte ihn ein Plebeier namens Antyllus, der gerade in der Säulenhalle opferte. Sei es, dass er etwas vernommen hatte, sei es, dass er Argwohn schöpfte oder sonst wie sich veranlasst sah, mit Gracchus zu sprechen, er legte ihm jedenfalls die Hand auf und verlangte, er möge doch das Vaterland schonen. Gracchus geriet dadurch in noch größere Aufregung und wie ein ertappter Verbrecher warf er dem Mann einen durchdringenden Blick zu. Ohne dass noch ein Zeichen oder ein Befehl gegeben worden war, schloss einer von den anwesenden Parteigängern des Gracchus lediglich aus der Schärfe seines auf Antyllus gerichteten Blicks, dass nunmehr der Zeitpunkt gekommen sei, und machte sich im Glauben, Gracchus damit einen Gefallen zu tun, als erster ans Werk: Er zückte den Dolch und stach Antyllus nieder. Nun gellte ein Schrei auf, man sah die Leiche des Toten mitten unter den Leuten daliegen, und in Angst vor einem gleichen Schicksal flüchteten alle vom Tempel weg die Höhe hinunter. Gracchus begab sich daraufhin in die Volksversammlung und wollte die Anwesenden über den Vorfall aufklären, doch niemand mochte auch nur auf ihn hören, sondern alle wandten sich von ihm wie einem Fluchbeladenen ab. Und weder er noch Flaccus wussten, was sie anfangen sollten, und da sie durch das überstürzte Vorgehen die Möglichkeiten, ihre Absichten durchzuführen, verloren hatten, eilten sie getrennt in ihre Häuser, und ihre Anhänger folgten ihnen dorthin nach. Indessen besetzte die restliche Menge wie vor einem drohenden Unheil von Mitternacht an das Forum, während der in der Stadt anwesende Konsul Opimius anordnete, dass eine Anzahl Bewaffneter sich bei Tagesanbruch auf dem Kapitol sammeln solle; er ließ auch durch Herolde den Senat zu einer Sitzung zusammenrufen. Seinen eigenen Standort bezog er zentral im Tempel der Dioskuren, um von dort aus die weitere Entwicklung der Dinge abzuwarten. Nach solchen Vorkehrungen forderte der Senat Gracchus und Flaccus auf, aus ihren Häusern in die Kurie zu kommen und sich dort zu rechtfertigen. Doch diese stürmten bewaffnet zum Aventin hinaus, in der Hoffnung, der Senat werde sich, wenn sie diesen Punkt vorweg besetzt hätten, mit ihnen auf irgendein Abkommen einlassen. Während sie durch die Stadt eilten, riefen sie die Sklaven zusammen und sicherten ihnen Freiheit zu. Doch niemand von ihnen wollte auf sie hören. So besetzten sie mit den Streitkräften, so viel sie deren um sich hatten, das Heiligtum der Diana und verbarrikadierten es. Dann schickten sie Quintus (Fulvius Flaccus), den Sohn des Flaccus, mit der Bitte an den Senat, ein Abkommen zu schließen und in Eintracht zu leben. Die Senatoren jedoch befahlen ihnen, die Waffen niederzulegen und in die Kurie zu kommen, um dort ihre Wünsche vorzutragen. Andernfalls sollten sie keinen Unterhändler mehr schicken. Als sie erneut den Quintus schickten, ließ ihn der Konsul Opimius, da er nach der vorausgehenden Warnung kein Gesandter mehr war, festnehmen und schickte gleichzeitig seine Bewaffneten gegen die Anhänger des Gracchus vor. Gracchus flüchtete sich in Begleitung eines einzigen Sklaven über die Hölzerne Brücke aufs jenseitige Flussufer in einen Hain und ließ sich, als man ihn verhaften wollte, von diesem töten. Flaccus hingegen hatte in der Werkstatt eines ihm befreundeten Mannes Unterschlupf gefunden, worauf die Verfolger, die das Haus nicht kannten, den ganzen Straßenzug niederzubrennen drohten. Nun zögerte wohl der Mann, der

Flaccus Aufnahme gewährt hatte, seinen Schützling selbst zu verraten, ließ es aber durch einen anderen tun, und so wurde Flaccus festgenommen und hingerichtet. Die Häupter des Gracchus und Flaccus wurden von einigen zu Opimius gebracht, und der gab ihnen Gold in gleichem Gewichte. Während nun der Pöbel die Häuser der beiden Toten plünderte, ließ der Konsul ihre Parteigänger verhaften, ins Gefängnis werfen und dort erwürgen; dem Quintus aber, dem Sohn des Flaccus, gestattete er, sich die Todesart zu wählen. Dann wurde in seinem Auftrag wegen der Mordtaten ein Reinigungsopfer für die Stadt durchgeführt, und der Senat ordnete die Errichtung eines Tempels der Concordia auf dem Forum an.

D: Appian von Alexandria: Römische Geschichte. Zweiter Teil: Die Bürgerkriege. Übers. von Otto Veh. Durchges., eingel. und erl. von Wolfgang Will. Stuttgart: Hiersemann, 1989. S. 29–31. – © 1989 Verlag Anton Hiersemann, Stuttgart.

12
Folgen des Bundesgenossenkrieges (Vell. 2,15,3–16,4)

Velleius Paterculus ist ein Historiker der Frühen Kaiserzeit (um 20 v. Chr. – 30 n. Chr.) und verfasste ein knappes Geschichtswerk (gemeinhin als Römische Geschichte *bezeichnet), das von den mythischen Anfängen Roms bis in die Zeit des Tiberius reicht. Bei seiner heroisierenden (und recht unkritischen) Darstellung der spätrepublikanischen Geschichte stützte er sich wohl auf republikanische Autoren wie Nepos und Sallust sowie auf das umfangreiche Werk des Livius. Der folgende Textauszug (2,15,3–16,4) ist eine der wenigen lateinischen Quellen, die sich mit dem Bundesgenossenkrieg auseinandersetzen.*

In diesem Krieg verlor Italien mehr als 300 000 seiner wehrfähigen Männer. Die berühmtesten Feldherrn auf Seiten der Römer waren Cn. Pompeius, der Vater des Pompeius Magnus, C. Marius […], L. Sulla, der im Jahr zuvor Prätor gewesen war, und Q. Metellus, der Sohn des Numidicus, der zu Recht den Beinamen Pius trug. Sein Vater war nämlich von dem Volkstribunen L. Saturninus verbannt worden, weil er sich als einziger geweigert hatte, auf dessen Gesetze zu schwören. In seiner treuen Kindesliebe hatte der Sohn es auf Antrag des Senats unter Beistimmung des römischen Volkes erreicht, dass sein Vater zurückberufen wurde. Und die Veranlassung für seine Verbannung, die Verbannung selbst und seine Rückberufung brachten Numidicus ebensoviel Ansehen ein wie zuvor seine Triumphe und Ehrenämter.

Die berühmtesten Feldherrn der Italiker waren Popaedius Silo, Herius Asinius, Insteius Cato, C. Pontidius, Pontius Telesinus, Marius Egnatius, Papius Mutilus. […] So wechselvoll und mörderisch verlief dieser Italikerkrieg: Innerhalb von zwei Jahren fielen zwei römische Konsuln, erst Rutilius, dann Porcius Cato, vor dem Feind, die Heere des römischen Volkes wurden auf mehreren Kriegsschauplätzen vernichtend geschlagen, und es kam so weit, dass man den Kriegszustand ausrief, der längere Zeit bestehen blieb. Die Italiker hatten Corfinium zu ihrer Hauptstadt gewählt und nannten es Italica. Allmählich gewann man wieder Kräfte: Man verlieh das Bürgerrecht an diejenigen, die entweder gar nicht zu den Waffen gegriffen oder sie binnen kurzer Zeit wieder niedergelegt hatten. Und man hatte an Pompeius, Sulla und Marius Stützen der wankenden und schon dahin sinkenden römischen Macht.

D: C. Velleius Paterculus: Historia Romana / Römische Geschichte. Lat./Dt. Übers. und hrsg. von Marion Giebel. Stuttgart: Reclam, 1989. S. 67–69.

13
Kritik an Volk und Optimaten (Cic. Sest. 100. 103)

Der römische Redner und Anwalt Marcus Tullius Cicero (106–43 v. Chr.) war ein Anhänger der Optimaten (hier »boni« – die »Guten«, »Anständigen« – genannt). In einer Verteidigungsrede aus dem Jahr 56 v. Chr. für einen Politiker namens Sestius äußert er sich zur Rolle des Volkes und der Optimaten.

Der Staat wird nämlich mit einem größeren Aufwand an Truppen und Material bestürmt als verteidigt, und zwar deshalb, weil sich Abenteurer, die nichts mehr zu verlieren haben, schon durch einen kleinen Wink mobilisieren lassen und sogar von selbst ohne besonderen Anlass gegen die staatliche Ordnung aufbegehren; die Anständigen dagegen sind aus irgendeinem Grunde zu träge, kümmern sich nicht um die Anfänge und werden schließlich erst im letzten Augenblick durch den Zwang der Verhältnisse selbst aufgerüttelt. So kommt es dann, dass sie durch ihr Zaudern und ihre Trägheit, während sie auch unter Verzicht auf Ansehen an der Ruhe festhalten wollen, nicht selten durch eigene Schuld beides verlieren. […]

Aber gleichwohl war die Verfolgung dieser politischen Richtung früher weitaus gefährlicher, als noch in vielen Punkten die Bestrebungen der Menge und das Interesse des Volkes mit dem Staatswohl nicht übereinstimmten. L. Cassius beantragte ein Gesetz zur Einführung der geheimen Abstimmung mit Stimmtäfelchen. Das Volk sah darin eine Garantie für seine Freiheit; aber die führenden Staatsmänner waren anderer Meinung: nach ihrer Meinung stand die Stellung der Optimaten auf dem Spiel, sie hatten große Angst vor der Unbedachtheit der Menge und der Ungebundenheit der geheimen Abstimmung. Ti. Gracchus beantragte ein Bodenreformgesetz. Es fand Anklang beim Volk: man glaubte, es würde die wirtschaftlichen Verhältnisse der ärmeren Schichten stabilisieren. Die Optimaten machten dagegen Front, weil sie in dem Gesetz eine Quelle der Zwietracht sahen und glaubten, der Staat werde seiner Vorkämpfer beraubt, wenn die Begüterten aus ihren langjährigen Besitzungen verdrängt würden. C. Gracchus beantragte ein Getreidezuteilungsgesetz. Das war dem Volk höchst willkommen, denn man erhielt reichlich zu essen, ohne zu arbeiten. Die Guten kämpften dagegen an: sie meinten, das Volk werde dem Arbeitseifer entwöhnt und zu Müßiggang erzogen, und außerdem waren sie sich darüber im klaren, dass die Staatskasse dadurch erschöpft würde.

D: M. Tullius Cicero: Pro P. Sestio oratio / Rede für P. Sestius. Übers. und hrsg. von Gerhard Krüger. Stuttgart: Reclam, 1980. S. 115, 117.

14
Die »Gescheiterten« der Republik? (Sall. Catil. 20–21)

Sallust (86–35 v. Chr.) gibt in seiner Monographie über die Catilinarische Verschwörung (20–21) eine Rede wieder, die Catilina in ähnlichen Worten an seine Anhänger gerichtet haben könnte:

»Indes, was ich in meinem Sinne gedacht habe, habt ihr alle schon vordem getrennt gehört. Im übrigen erhitzt sich mein Gemüt von Tag zu Tag mehr, wenn ich bedenke, unter welchen Bedingungen wir leben werden, wenn wir uns nicht selbst freimachen. Denn seit der Staat unter das Recht und die Botmäßigkeit einiger weniger Mächtiger gekommen ist, sind Könige und Fürsten immer jenen Leuten abgabenpflichtig; ihnen zahlen Völker und Stämme Steuern; wir übrigen alle, wackere, tüchtige, adlige und nicht adlige, wir sind bis jetzt Masse gewesen, ohne Einfluss, ohne Ansehen, denen ausgeliefert, denen wir, könnte man noch von einem Gemeinwesen sprechen, ein Schrecken wären. Daher ist aller Einfluss, alle Macht, alle Ehre, aller Reichtum bei jenen oder dort, wo jene wollen; uns ließen sie die Gefahren, Abweisungen, Prozesse, Armut. Wie lange wollt ihr denn das mit ansehen, ihr Helden? Ist es nicht besser, tapfer zu sterben, als ein elendes und schändliches Leben, wenn du ein Spielball fremden Übermutes geworden bist, schmachvoll zu verlieren?

Aber, bei allem worauf Verlass unter Göttern und Menschen, der Sieg ist ja in unserer Hand […]. Nur anfangen muss man, alles andere läuft von selbst. Denn wer unter den Menschen, der einen männlichen Sinn hat, kann es ertragen, dass diese Leute Reichtümer in Fülle haben, derart dass sie sie verschwenden, das Meer auszufüllen und die Berge einzuebnen, uns aber das Vermögen auch zum Nötigsten fehlt? Dass sie zwei oder mehr Paläste aneinanderbauen, wir nirgends auch nur ein Dach über dem Kopfe haben? Wenn sie Gemälde, Statuen, getriebene Gefäße kaufen, Neubauten einreißen, anderes bauen, schließlich überhaupt auf jegliche Weise mit ihrem Gelde wüsten, es verschleudern, können sie dennoch nicht bei letzter Befriedigung aller Gelüste, ihres Reichtums Herr werden. Dagegen haben wir zu Hause Mangel, draußen Schulden; schlimm ist die Lage, die Aussichten noch viel trüber. Kurz, was haben wir denn noch außer dem elenden Leben? Warum also erwacht ihr nicht? Da ist sie, sie, die ihr oft gewünscht, die Freiheit, außerdem Reichtum, Ansehen, Ruhm, sie liegen vor Augen. Die Glücksgöttin hat das alles den Siegern als Preis ausgesetzt. Die Lage, der Zeitpunkt, die Gefahren, die Not, die großartige Beute des Krieges feuern euch mehr an als meine Rede. Braucht mich als Führer oder als Gemeinen: weder mein Geist noch mein Körper wird euch fehlen. Eben dies, wie ich hoffe, werde ich zusammen mit euch als Konsul betreiben, es müsste denn sein, dass mich mein Sinn täuscht und ihr lieber Knechte zu sein als zu herrschen bereit seid.«

Nachdem das die Männer vernommen hatten, die alles Übel im Überfluss besaßen, aber nichts Gutes noch eine gute Aussicht, forderten, wenn es ihnen auch schon ein großer Gewinn schien, den Ruhezustand in Bewegung zu bringen, doch die meisten, er solle darlegen, wie die Bedingungen des Krieges seien, was sie für Lohn mit ihren Waffen errängen, was sie überall an Hilfe oder Hoffnung besäßen. Da versprach Catilina neue Schuldentilgung, Enteignung der Besitzenden, Posten, Priesterämter, Plündern, alles andere noch, was der Krieg und die Willkür der Sieger mit sich bringt.

D: Gaius Sallustius Crispus: Die Verschwörung des Catilina. Übers., Anm. und Nachw. von Karl Büchner. Stuttgart: Reclam, 1967. S. 18–21.

15
Krankheit der Bürgerschaft (Cic. Att. 2,19,2; 20,3 f.; 21,1 f.)

Cicero schildert in drei Briefen an seinen Freund Atticus vom Juli des Jahres 59 die Zustände unter dem Triumvirat.

(Ad Atticum 2,19,2)

Wisse, dass es niemals etwas so Übles, so Schändliches, so gleichermaßen allen Geschlechtern, Ständen, Generationen Anstößiges gegeben hat wie den Zustand, der jetzt herrscht, schlimmer, beim Herkules, als ich je gewollt, nicht nur, als ich geglaubt hätte. Diese Popularen haben sogar schon die gemäßigten Menschen das Zuflüstern gelehrt. Bibulus [59 Konsul neben Caesar] ist in himmlische Sphären entrückt, ich weiß nicht, weswegen, aber er wird so sehr gelobt, quasi als »der eine Mann hat uns durch Zögern den Staat wiederhergestellt«.

Pompeius, unser Freund, was mir größten Schmerz bereitet, hat sich selbst schwer beschädigt. Niemanden halten sie aus eigenem Willen (auf ihrer Seite). Dass ihnen (daher) Angst zu gebrauchen nötig ist, fürchte ich. Ich jedoch bekämpfe jene Sache einerseits nicht wegen jener Freundschaftsverpflichtung, billige sie andererseits auch nicht, um nicht alles über den Haufen zu werfen, was ich vorher vertreten habe. Ich nutze den schmalen Grat dazwischen.

D: Übersetzung: Sven Günther (2014).

(Ad Atticum 2,20,3f.)

Über die Staatsgeschäfte werde ich Dir kurz schreiben. Denn dass das Schriftstück selbst uns schon verrät, fürchte ich. Deshalb werde ich in Zukunft, wenn ich Dir mehr dazu schreiben muss, solcherlei Dinge in verschleierte Sprache verhüllen. Gerade ist freilich die Bürgerschaft ob einer gewissen neuen Krankheit im Sterben begriffen, so dass sie, weil sie alles, was gemacht wurde, missbilligen, sich beklagen, Schmerz darüber empfinden, es keine andere Meinung in dieser Sache gibt, sie offen in dieser Angelegenheit sprechen und schon lautstark darüber seufzen, aber dennoch kein Heilmittel herbeigebracht wird. Weder meinen wir nämlich, uns ohne Massaker widersetzen zu können, noch sehen wir, dass es ein Ende des Nachgebens außer mit Untergang geben wird. Bibulus schwebt ob der Bewunderung und des Wohlwollens der Menschen im Himmel; dessen Verlautbarungen und Meinungsäußerungen schreiben sie ab und lesen sie. Mit dieser gewissermaßen neuen Methode kommt er zu höchstem Ruhm. Populär ist gerade nichts so sehr wie der Hass auf die Popularen. Den Grad des Ausbrechens all dieser Dinge fürchte ich.

D: Übersetzung: Sven Günther (2014).

(Ad Atticum 2,21,1f.)

Was soll ich Dir ausführlich über den Staat berichten? Er ist ganz und gar zugrunde gegangen, und er ist in einer jämmerlicheren Lage als zu der Zeit, da Du uns verlassen hast; denn damals schien eine solche Gewaltherrschaft die Bürgerschaft zu unterdrücken, die für die Masse angenehm war, für die Optimaten aber recht lästig, ohne diese jedoch zu vernichten; nun aber wird sie von allen plötzlich so sehr gehasst, dass ich bei der Vorstellung erzittere, wohin sie noch ausartet. Denn den Jähzorn und die Maßlosigkeit jener Männer haben wir kennengelernt, die in ihrem Zorn über Cato alles zugrunde gerichtet haben, aber sie haben offenbar so langsam wirkende Gifte verwendet, dass wir meinten, ohne Schmerz untergehen zu können; jetzt aber fürchte ich, dass sie durch das Zischen der Masse, das Gerede der angesehenen Leute und das Murren Italiens vor Zorn entbrannt sind. Ich freilich habe die Hoffnung gehegt – wie ich dies oft auch mit Dir zu besprechen pflegte –, das Rad des Staates habe sich so gedreht, dass wir kaum ein Geräusch vernehmen, kaum eine Spur sehen könnten; und so wäre es auch gewesen, wenn die Leute das Vorübergehen des Sturms hätten abwarten können. Aber nachdem sie lange insgeheim geächzt hatten, begannen sie später erst zu stöhnen, schließlich aber alle zu reden und zu schreien.

D: Marcus Tullius Cicero: Epistulae ad Atticum / Briefe an Atticus. Ausgew., übers. und hrsg. von Dietmar Schmitz. Stuttgart: Reclam, 1992. S. 81, 83.

Literaturhinweise

Quellen (teilweise kommentiert und interpretiert)

Appian von Alexandria: Römische Geschichte. Zweiter Teil: Die Bürgerkriege. Übers. von Otto Veh. Durchges., eingel. und erl. von Wolfgang Will. Stuttgart: Hiersemann, 1989.

Gaius Iulius Caesar: Der Bürgerkrieg. Übers., Anm. und Nachw. von Marieluise Deißmann-Merten. Stuttgart: Reclam, 1975.

Marcus Tullius Cicero: Epistulae ad Atticum / Atticus-Briefe. Lat./Dt. Hrsg. und übers. von Helmut Kasten. Stuttgart/Zürich: Artemis, [4]1990.

Marcus Tullius Cicero: Epistulae ad Atticum / Briefe an Atticus. Ausgew., übers. und hrsg. von Dietmar Schmitz. Stuttgart: Reclam, 1992.

M. Tullius Cicero: Pro P. Sestio oratio / Rede für P. Sestius. Übers. und hrsg. von Gerhard Krüger. Stuttgart: Reclam, 1980.

Livius: Römische Geschichte. Buch 39–41. Lat./Dt. Hrsg. von Hans Jürgen Hillen. München/Zürich: Artemis, [2]1993.

Polybios: Historien. Auswahl. Übers., Anm. und Nachw. von Karl Friedrich Eisen. Stuttgart: Reclam, 1973.

Gaius Sallustius Crispus: Die Verschwörung des Catilina. Übers., Anm. und Nachw. von Karl Büchner. Stuttgart: Reclam, 1967.

Velleius Paterculus: Historia Romana / Römische Geschichte. Lat./Dt. Übers. und hrsg. von Marion Giebel. Stuttgart: Reclam, 1989.

Das Zwölftafelgesetz. Leges XII tabularum. Lat./Dt. Hrsg., übers. und komm. von Dieter Flach in Zsarb. mit Andreas Flach. Darmstadt: Wissenschaftliche Buchgesellschaft, 2004. (Texte zur Forschung. 83.)

Klaus Bringmann: Krise und Ende der römischen Republik (133–42 v. Chr.). Berlin: Akademie-Verlag, 2003. (Studienbücher Geschichte und Kultur der Alten Welt.)

Hans-Joachim Gehrke / Helmuth Schneider (Hrsg.): Geschichte der Antike. Quellenband. Stuttgart/Weimar: Metzler, 2007.

Klaus Meister: Einführung in die Interpretation historischer Quellen. Schwerpunkt: Antike. Bd. 2: Rom. Paderborn [u. a.]: Schöningh, 1999.
Res publica. Texte zur Krise der frührömischen Tradition. Lat./Griech./Dt. Ausgew., übers. und erl. von Rudolf Till. Darmstadt: Wissenschaftliche Buchgesellschaft, 1984.

Darstellungen

Baltrusch, Ernst: Caesar und Pompeius. Darmstadt [4]2010.
– »Kriege für die Freiheit der Anderen«. Roms imperiale Mission im 2. Jahrhundert v. Chr. In: Gymnasium 118 (2011) H. 1. S. 43–56.
Bernstein, Frank: Das Imperium Romanum – ein ›Reich‹? In: Gymnasium 117 (2010) H. 1. S. 49–66.
Bleicken, Jochen: Die Verfassung der Römischen Republik. Grundlagen und Entwicklung. Paderborn [u. a.] [7]1995.
– Geschichte der Römischen Republik. München [5]1999. (Oldenbourg Grundriss der Geschichte. Bd. 2.)
Bringmann, Klaus: Geschichte der römischen Republik. München 2002.
– Krise und Ende der römischen Republik (133–42 v. Chr.). Berlin 2003. (Studienbücher Geschichte und Kultur der Alten Welt.)
Dahlheim, Werner: Die Antike. Griechenland und Rom von den Anfängen bis zur Expansion des Islam. Paderborn [4]1995.
– Julius Caesar. Die Ehre des Kriegers und die Not des Staates. Paderborn [u. a.] 2005.
Eckstein, Arthur M.: Mediterranean Anarchy, Interstate War, and the Rise of Rome. Berkeley [u. a.] 2006.
Harris, William V.: War and Imperialism in Republican Rome 327–70 B. C. Oxford 1979.
Heftner, Herbert: Der Aufstieg Roms. Vom Pyrrhoskrieg bis zum Fall von Karthago. Regensburg 1997.
– Von den Gracchen bis Sulla. Die römische Republik am Scheideweg 133–78 v. Chr. Regensburg 2006.

Hölkeskamp, Karl-Joachim / Stein-Hölkeskamp, Elke (Hrsg.): Von Romulus zu Augustus. Große Gestalten der römischen Republik. München 2000.
Huttner, Ulrich: Römische Antike. Tübingen/Basel 2008. (Studium Geschichte.)
Jehne, Martin: Die Römische Republik. Von der Gründung bis Caesar. München 2006.
– Der Staat des Dictators Caesar. Köln/Wien 1987.
– / Pfeilschifter, René (Hrsg.): Herrschaft ohne Integration? Rom und Italien in republikanischer Zeit. Frankfurt a. M. 2006. (Studien zur Alten Geschichte. 4.)
Linke, Bernhard: Die römische Republik von den Gracchen bis Sulla, Geschichte Kompakt. Darmstadt 2005.
Meier, Christian: Die Ohnmacht des allmächtigen Dictators Caesar. München 1970.
Mommsen, Theodor: Römische Geschichte, Bd. 1–3. Bd. 5. Nachdr. der 9. Aufl. (1902–04) in 8 Bdn. München 1976.
Ogilvie, Robert M.: Das frühe Rom und die Etrusker. Übers. von Irmingard Götz. München 1983. (dtv Geschichte der Antike.)
Rollinger, Christian: *Solvendi sunt nummi.* Die Schuldenkultur der späten römischen Republik im Spiegel der Schriften Ciceros. Mainz 2009.
Rosenstein, Nathan: Rome and the Mediterranean 290 to 146 BC. The Imperial Republic. Edinburgh 2012.
Schneider, Helmuth: Rom von den Anfängen bis zum Ende der Republik (6. Jh. bis 30 v. Chr.). In: Hans-Joachim Gehrke / H. S. (Hrsg.): Geschichte der Antike. Ein Studienbuch. 3., erw. Aufl. Stuttgart/Weimar 2010. S. 261–332.
Schulz, Raimund / Dahlheim, Werner: Griechisch-Römische Antike. Historisch-Politische Weltkunde, Kursmaterialien Geschichte. Sekundarstufe II / Kollegstufe. Stuttgart/Leipzig 2010.
Sommer, Michael: Römische Geschichte. Bd. 1: Rom und die antike Welt bis zum Ende der Republik. Stuttgart 2013.
Walter, Uwe: Römische Geschichte bis 30 v. Chr. In: Der Große Ploetz. Die Enzyklopädie der Weltgeschichte. 35., völlig neu bearb. Aufl. Freiburg i. Br. 2008. S. 209–256.

Walter, Uwe: Der Aufstieg Roms, in: Elisabeth Erdmann / Uwe Uffelmann (Hrsg.): Das Altertum. Vom Alten Orient zur Spätantike. Idstein 2001. S. 129–163.
Will, Wolfgang: Caesar. Darmstadt 2009. (Gestalten der Antike.)
Zimmermann, Klaus: Rom und Karthago. Darmstadt 2005. (Geschichte kompakt.)

Verzeichnis der Karten